Planetenkräuter

Die Deutsche Bibliothek – CIP-Einheitsaufnahme

Jilg, Patrizia: Planetenkräuter : mehr Gesundheit, Freude,
Harmonie und Schönheit / Patrizia Jilg.-
Hall in Tirol : Berenkamp 1999
ISBN 3-85093-101-3

Ein freundlicher Lebensratgeber aus der Kulturstadt

Hall in Tirol

 Autorin und Verlag danken dem Kunsthistorischen Museum, Wien (Sammlungen Schloß Ambras), für die Abdruckerlaubnis von Details der „Ambraser Holzdecke mit Darstellungen des Sternenhimmels“ (Umschlag und Seiten 17, 41, 59, 89, 103, 121, 137) und Herrn Univ.-Prof. Dr. Gerhard Gärtner vom Botanischen Institut der Universität Innsbruck, der in überaus freundlicher und kollegialer Weise die reiche Illustration des Buches ermöglichte.

Umschlaggestaltung: E. A. Artbüro, Hall in Tirol
Gedruckt in Österreich – Printed in Austria – Druck und Bindearbeit: Ueberreuter Buchproduktion, Korneuburg

Patrizia Jilg

Planetenkräuter

Auf natürliche Weise zu mehr Gesundheit
Freude
Harmonie und Schönheit

Berenkamp

Inhaltsverzeichnis

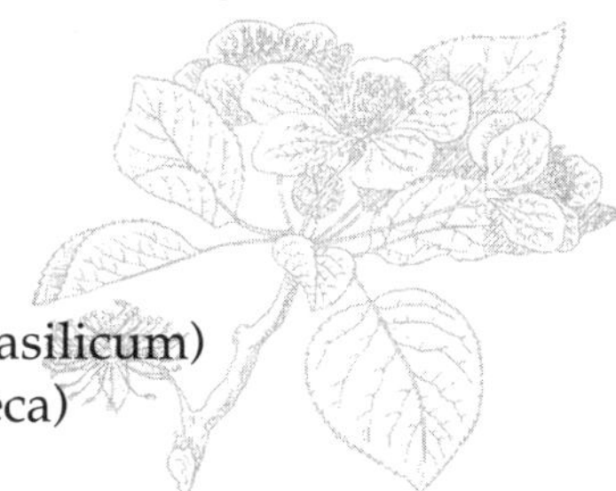

Inhaltsverzeichnis

Vorwort

Dieses Buch soll anregen, sich mit Kräutern und Blumen zu beschäftigen. Und zwar auf eine Weise, die Freude macht und zu mehr innerer Harmonie und Ausgeglichenheit führt. Keinesfalls soll es anleiten, mit Arzneipflanzen herumzuspielen, ohne die dafür nötige Ausbildung zu haben. Aber – lassen Sie sich dazu verführen, Speisen einmal anders zu würzen, sich den Duft der Kräuter ins Haus zu holen und kleine Unpäßlichkeiten mit Pflanzen zu kurieren.

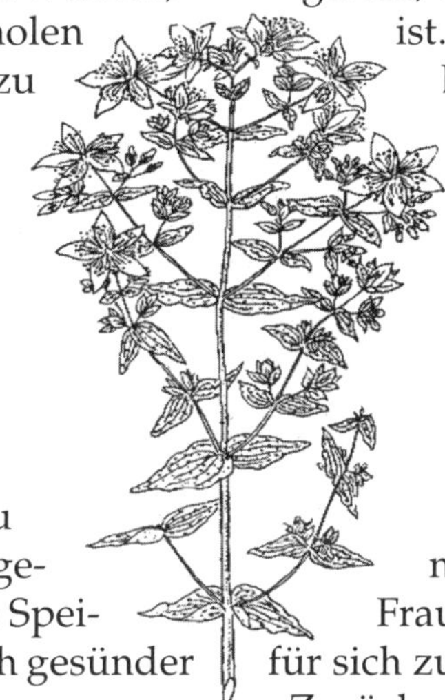

Jahrhundertelang haben die Frauen für ihre Familien gesorgt, und meistens stand nicht viel mehr zur Verfügung als jenes Wissen, das von der Mutter seit Generationen weitergegeben wurde. Frauen haben es wie selbstverständlich gelernt, Kräuter anzuwenden, um Verletzungen und Krankheiten in der Familie zu behandeln. Sie wußten, wie Lebensmittel genießbar bleiben und welche Gewürze die Speisen nicht nur schmackhafter, sondern auch gesünder und leichter verdaulich machen.

In Tirol ist ein sehr schönes Beispiel dieser Praxis erhalten geblieben: das Rezeptbuch der Philippine Welser. Die Kaufmannstochter aus Augsburg hat eine Art „Aschenputtelschicksal" erlebt. Denn sie, eine Bürgerliche aus guter Familie, heiratete im 16. Jahrhundert Erzherzog Ferdinand II., den Sohn des habsburgischen Kaisers Ferdinand I. Der Erzherzog schenkte seiner geliebten, aber nicht standesgemäßen Ehefrau Schloß Ambras, südlich der Landeshauptstadt Innsbruck gelegen. Dort übte Philippine eine Gastlichkeit, die weit über die Grenzen des Landes berühmt war. Und dort pflegte sie ihren Kräuter- und Arzneimittelgarten, der heute wieder im Schloß zu bewundern ist. Auch die Rezeptsammlung der beliebten Landesfürstin ist erhalten geblieben. Die Darstellung der Planetengötter, die in die einzelnen Abschnitte dieses Buches einführen und den Umschlag schmücken, stammt ebenfalls aus dem Schloß – sie zieren die Decke des ehemaligen Speisesaales.

Viel Wissen, das Philippine Welser und andere kräuter- und heilkundige Frauen gesammelt hatten, ging mit der modernen Zivilisation verloren, aber immer mehr Frauen beginnen wieder, die alten Kenntnisse für sich zu entdecken. Nicht in einem romantischen „Zurück-zur-Natur", sondern in der Erkenntnis, daß der Mensch mit der Natur im Einklang leben muß. Diesen Frauen und Männern soll das Buch eine Einstiegshilfe sein – und eine Anregung, sich später intensiver mit der Materie zu beschäftigen.

Im Frühjahr 1999 *Patrizia Jilg*

Planetenkräuter

Die Einteilung der Pflanzen in diesem Buch erfolgt nach der alten medizinischen Astrologie der Planetenkräuter. Ich übernehme damit eine Einteilung, die Nicholas Culpeper erstellt hat. Er war der letzte und größte der Ärzte, die einen Zusammenhang zwischen Medizin und Astrologie hergestellt haben. „Culpeper's Complete Herbal" war dreihundert Jahre lang das Standardwerk auf dem Gebiet der Kräuter- und Heilpflanzen. Dieser große Mann hat übrigens ein kleines Buch veröffentlicht, das er „allen tugendhaften Damen" gewidmet hat, und das ausschließlich Rezepte zum Haarefärben, Schminken und für die Schönheitspflege enthält. Auch er empfahl und verwendete immer wieder Aromaöle.

Culpeper war überzeugt, daß alle Körperteile den damals bekannten sieben Planten zugeordnet sind. In logischer Folge stellte er auch die Kräuter, die gegen Krankheiten bestimmter Körperregionen wirken, in diese Ordnung. Es sind nur sieben Planeten: Uranus, Neptun und Pluto waren um die Mitte des 17. Jahrhunderts, als Culpeper seine Werke schrieb, noch nicht entdeckt. Den sieben Planeten werden individuelle Eigenschaften zugeschrieben. Daneben haben sie aber auch einige Gemeinsamkeiten.

Sonne und Mars stehen für das Feuer. Sie sind heiß und trocken. Man hat ihnen früher daher Krankheitssymptome wie Fieber, brennende Ausschläge und Entzündungen zugeschrieben.

Die Sonne regiert das Herz, den Blutkreislauf und das „Chi", das ist die Lebenskraft, mit der ein Mensch geboren wird. Der Mars kontrolliert, wie könnte es anders sein, die Gallenblase und die Muskulatur.

Venus und Mond haben gemeinsam, daß sie kühl sind und feucht; damit stehen sie für das Element Wasser. Sie regieren die Gefühlswelt und sind für die Körperflüssigkeiten zuständig – und folgerichtig für jene Krankheiten, bei denen sich der Körper feucht und kalt anfühlt. Der Mond kontrolliert den weiblichen Zyklus, die Venus die weiblichen Geschlechtsorgane und die Blutgefäße.

Auch Merkur und Saturn sind kalt, aber trocken. Sie stehen mit dem Element Erde in Beziehung. Merkur beherrscht das Gehirn, die Atmung und die Schilddrüse, während Saturn Knochen, Zähne und Haut kontrolliert.

Jupiter, warm und feucht, steht für sich allein. Er gehört zum Element Luft. Alle Arten von gutmütigen Geschwüren werden Jupiter zugeschrieben, ebenso Wachstumsprobleme und die Verdauung.

Auch die Heilkräuter hat man sich von den Planeten regiert gedacht und sie entsprechend zur Behandlung der Krankheiten eingesetzt. Wohl war das Wissen über die Pflanzen erstaunlich groß – vielfach gilt es noch heute –, man hat sie den Organen aber weniger nach pharmakologischen Kriterien zugeordnet als vielmehr nach optischen Auffälligkeiten, die dann wohl auch etliche Merkwürdigkeiten nach sich zogen. Signaturlehre nennt man die Medizin, die glaubt, Ähnliches mit Ähnlichem heilen zu können. Noch heute weisen Pflanzennamen auf diese Theorie hin: Lungenkraut zum Beispiel oder Leberbalsam und dergleichen.

Planzen wirken auf allen Ebenen der Persönlichkeit. Deshalb wurden in diesem Buch nicht nur ihr „körperlicher" Nutzen berücksichtigt, sondern auch die Anwendung in der Küche, in der Schönheitspflege, in der Aromatherapie und in der Bach-Blütentherapie; auf Mythisches wird verwiesen und auf die Magie, denn ganz ohne Augenzwinkern soll man an keine Sache herangehen …

Alle Rezepte und Tips sind erprobt und bei bestimmungsgemäßem Gebrauch ohne Nebenwirkung. Beschwerden, die mehr sind als kleine Unpäßlichkeiten, gehören ohnehin in die Hand des Arztes. Und noch etwas: Wenn Sie einen Kräutertee zubereiten, eine Creme herstellen oder eine Schönheitsmaske auflegen, dann nehmen Sie sich Zeit dafür – und für sich selbst. Machen Sie aus den Handgriffen ein kleines Ritual und geben Sie ihm eine besondere Bedeutung. Genießen Sie, was Sie tun! Sie werden erstaunt sein, wie wohltuend das auf Ihre Psyche und auf Ihr körperliches Wohlbefinden wirkt.

Einige prinzipielle Anwendungsarten

Herstellen eines Aufgusses (Tees)

Weil das Wort „Tee“ – ursprünglich eine aus Südchina stammende Bezeichnung für das Getränk aus den aufgebrühten Blättern des Teestrauches – eine Bedeutungserweiterung erfahren hat, bezeichnet man heute jeden Absud aus Pflanzenteilen als „Tee“. Viele verbinden das Brauen eines solchen Getränkes mit einem Ritual, und der Kenner weiß, daß man zur Herstellung eines schmackhaften und an Wirkung reichen Gebräus bestimmte Regeln einhalten muß. Idealerweise wird Tee in einer Teekanne zubereitet. Man verwendet pro Tasse zirka einen Eßlöffel voll des getrockneten Krautes (30 g auf 1/2 l Wasser). Das Wasser soll gerade aufgehört haben zu kochen, weil kochendes Wasser die wertvollen ätherischen Öle des Tees verfliegen läßt. Den Aufguß etwa zehn Minuten ziehen lassen, dann abseihen und heiß trinken. Der Kundige zukkert seinen Tee nicht, um den Eigengeschmack des Getränks nicht zu verfälschen; wer es trotzdem süß will, verwendet Honig.

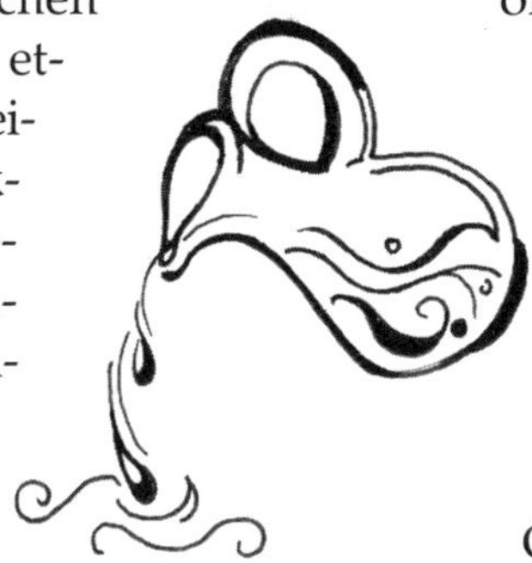

Absud

Beim Absud geht es wie beim Aufguß darum, Pflanzenteilen – insbesondere Wurzeln, Beeren und Rinden – Wirkstoffe zu entziehen. Dafür etwa 30 Gramm der Pflanzen mit dreiviertel Liter Wasser in einem Emailletopf aufgesetzt und so lang geköchelt, bis sich die Flüssigkeit auf einen halben Liter reduziert hat. Krautige Pflanzen bzw. Pflanzenteile werden hingegen kalt angesetzt und dann bis zu einer Stunde leicht geköchelt. Im Vergleich zum Aufguß enthält der Absud mehr Wirkstoffe.

Aufgußöl

Heißes Aufgußöl (für Beinwell- oder Rosmarinsalbe): Standardmenge (750 g frisches oder 250 g getrocknetes Kraut) auf einen halben Liter Öl (je nach Geldbeutel Sonnenblumenöl oder kalt gepreßtes Olivenöl). Das Öl mit dem Kraut mischen, im Wasserbad drei Stunden leicht köcheln; anschließend abseihen und gut auspressen. Zu guter Letzt das Öl in dunkle, gut verschließbare Flaschen füllen.

Kaltes Aufgußöl

Ein großes Glas mit Kräutern vollfüllen, mit Öl bedecken und ins Licht stellen; nach drei Wochen abseihen, die Kräuter gut ausdrücken, mit dem gewonnenen Kräuteröl erneut frische Kräuter bedecken und noch einmal drei Wochen auf der

Fensterbank stehenlassen; dann in kleine Buntglasflaschen abgießen und dunkel lagern. Wer es sich leisten will, nimmt dafür das geruchlose Mandelöl.

Tinktur

Mit „Tinktur" bezeichnet man Auszüge aus Drogen, die mit Alkohol, Äther oder Mischungen aus beiden hergestellt werden. Das Verhältnis von Droge zu Extraktionsflüssigkeit beträgt meistens ein Teil zu fünf Teilen (bei stark wirkenden Drogen 1 zu 10). Das getrocknete (oder auch frische) Kraut kommt entweder in 45%igen Alkohol oder in eine Alkohol-Wasser-Mischung. Wodka eignet sich zur Herstellung von Tinkturen besonders gut, weil er keinen Eigengeschmack hat. Bei bitteren Kräutern kann jedoch auch guter Obstschnaps genommen werden, weil er den Geschmack des Krautes übertönt und der Tinktur damit die Bitterkeit nimmt.
Bei der Herstellung einer Tinktur geht man folgendermaßen vor: Das Kraut wird in einem großen Einmachglas mit dem Alkohol übergossen und zwei Wochen kühl gestellt („Mazeration"); ab und zu schütteln; sodann auspressen, abseihen und in einer dunklen Flasche an einem kühlen Ort aufbewahren. Eine Kräutertinktur hält sich über ein Jahr. Von der Tinktur nimmt man einen Teelöffel voll dreimal täglich in einem Glas Wasser.

Salbe

Das Deutsche Arzneibuch definiert Salben als streichfähige Zubereitungen, die zur Anwendung durch Auftragen oder Einreiben bestimmt sind. Creme ist die Bezeichnung für wasserhaltige Salben; mit Paste bezeichnet man Salben, in die pulverförmige Bestandteile eingemengt sind. Als Trägerstoffe eignen sich tierische Fette, Wachs und Öle. Für ein halbes Kilo Schweinefett rechnet man 60 Gramm getrocknetes Kraut. Wer Schweinefett nicht mag, kann weiches Paraffinwachs verwenden. Das Fett in einer Schüssel im Wasserbad – den Topf nicht direkt auf den Herd! – erhitzen und die Kräuter einrühren; zwei Stunden lang erhitzt halten, bis sich die Kräuter resch anfühlen; anschließend in ein Tuch abseihen und gut ausdrücken. Die warme Mischung in Schraubgläser füllen und gut verschließen.

Kräuteröl

Zur Herstellung eines Kräuteröls verwende ich: einen halben Liter Distelöl – auch das teurere Mandelöl ist gut geeignet, während Olivenöl einen etwas zu starken Eigengeruch hat –, 50 Gramm frische Blütenblätter und 20 bis 30 Tropfen ätherisches Öl. Die Kräu-

ter kleinschneiden oder grobhacken, mit Öl übergießen und sechs bis acht Wochen stehenlassen, dann abfiltern und in einer Flasche kühl und dunkel aufbewahren. Das Öl kann als Hautpflegeöl verwendet werden. Als Badeöl müssen ihm auf einen Liter Öl 100 Milliliter Emulgator (gibt es in der Apotheke) beigemischt werden, weil sich das Öl sonst nicht mit dem Wasser vermischt.
Die Wahl der Kräuter richtet sich nach der gewünschten Wirkung: Melisse beruhigt und gleicht aus, Rosmarin regt an und belebt, Kamille pflegt, erhellt die Stimmung und hilft bei Angstzuständen, Lavendel entspannt, gleicht aus und lindert Nervosität, Rose pflegt die Haut und vertreibt Melancholie, Wacholder beruhigt und hilft bei Schlafstörungen und Angstzuständen.

Kräuterkissen

Kräuterkissen lassen sich aus individuellen Mischungen herstellen. Ihr Duft entspannt und beruhigt. Meine Mischung: 30 Gramm Melissenblätter, je 20 Gramm Lavendelblüten und Kamillenblüten, 10 Gramm Pfefferminzblätter, eine Handvoll Rosenblätter, ein paar Blätter Duftgeranie. Alle Zutaten gut mischen und in einen Baumwollbezug (40 x 40 cm) füllen; mit Füllwatte umwickeln, damit ein kuscheliger Polster entsteht, und in einen größeren Bezug geben; von Zeit zu Zeit drücken, dann duftet's wieder.

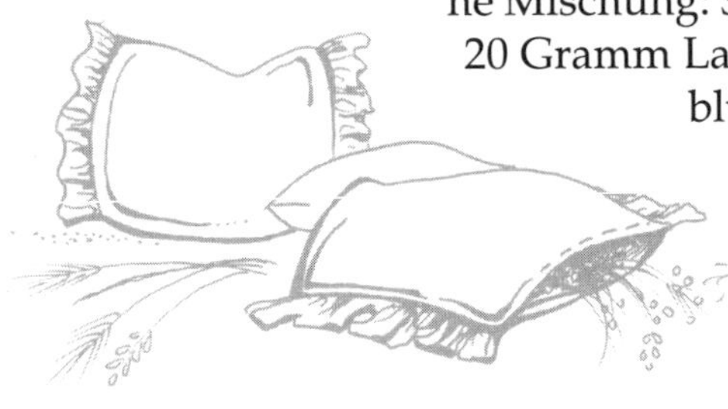

Kräuteressig

Ingredienzien: einen Liter guten Obstessig, 75 Gramm Trockenkräutermischung (Lavendel, Rosmarin, Melisse, Pfefferminze, Blütenblätter von Rosen und Malven, einige Blätter Duftgeranie). Die Kräuter in ein dunkles Gefäß schichten und vollständig mit Essig begießen; acht Wochen an einen dunklen Ort stellen, dann durch ein Tuch abseihen und bei Gebrauch jeweils zwei bis drei Eßlöffel auf einen halben Liter Wasser verdünnen. Kräuteressig kann als Spülung nach der Haarwäsche verwendet werden und erfrischt als Waschung bei fiebrigen Erkrankungen.

„Aroma", ein Wort griechischen Ursprungs, bedeutet „Wohlgeruch". Schon in der Antike waren die Wirkungen von Aromen bekannt; sie lösen physische und psychische Reaktionen aus; sie versetzen unwillkürlich die Speicheldrüsen in Tätigkeit, steigern die Absonderung von Magensaft, hellen die Stimmung auf und dergleichen mehr.

Die Aromatherapie wird zu Unrecht immer wieder ins „esoterische Eck" gedrängt, obwohl sie – wie Duftlampen und Ölbehälter aus der Antike beweisen – die vielleicht älteste Form der Pflanzenheilkunde ist. Auch eines der frühesten Kräuterbücher, die gedruckt wurden, „Bancker's Herbal", beschreibt die Gewinnung von Rosenöl und empfiehlt die Einreibung damit gegen Leberbeschwerden. Vom 14. bis ins 16. Jahrhundert war der Gebrauch aromatischer Öle obligat.

Die Aromatherapie verwendet nur einen Teil der Pflanze, das ätherische Öl. Dieses ist nicht mit dem „Aufgußöl" zu verwechseln, dessen Herstellung im Buch beschrieben ist. Im Gegensatz zum Aufgußöl kann ein ätherisches Öl nämlich nur vom Fachmann durch verschiedene Methoden gewonnen werden.

Ätherische Öle sind in hohem Grad flüchtig. Sie gelangen mit der Atemluft in die Nase. Die Riechzellen fangen die Botschaft auf und leiten sie über die Riechnerven und den Riechkolben ins Gehirn weiter. Von dort gelangen sie ins limbische System, einen Bereich, der zwischen Großhirn und Hirnstamm liegt und als Tor zum Bewußtsein gilt. Dort laufen die Gefühle und die Erinnerungen zusammen – ein Grund, warum wir durch Gerüche sogar an Erlebnisse aus der Kindheit in so plastischer Weise erinnert werden. Eng gebunden an diese Region des Gehirns ist das vegetative Nervensystem. Deshalb reagiert dieses so gut auf Duft- und Aromastoffe. Über dieses System werden alle Körperfunktionen, die wir nicht bewußt beeinflussen, gesteuert: Atmung, Verdauung, Kreislauf, Herzschlag und andere. Daneben wirken viele ätherische Öle aber auch ganz „chemisch" auf Krankheitserreger und Pilze.

Ätherische Öle sind als winzige Tröpfchen in den Pflanzen enthalten: in der Wurzel (Angelikawurzel), in den Blättern (Melisse), in den Blüten (Lavendel), in der Schale (Orange) oder in der Rinde (Sandelholz). Wie flüchtig und entzündlich ätherische Öle sind, können Sie selbst ausprobieren: Drücken Sie die Schale einer Orange in der Nähe einer brennenden Kerze aus. Sobald die Tropfen mit der Flamme in Berührung kommen, entzünden sie sich. Die ätherischen Öle haben eine sehr komplizierte chemische Zusammensetzung und sind für den Geschmack und den Duft einer Pflanze verantwortlich. Wieviel ätherisches Öl in einer Pflanze enthalten ist, schwankt nach Jahreszeit, Klima und Anbaume-

thode. Es gibt Pflanzen, die sehr wenig Öl enthalten – Rosen etwa, oder Nelken und Jasmin. Deren Öl ist entsprechend teuer, aber auch sehr stark konzentriert. Man nennt es „absolutes Öl". Es wird nie pur, sondern immer in Verdünnung mit einem Trägeröl verwendet.

Jedes Wesen hat einen bestimmten Eigengeruch. Man nimmt ihn nur selten bewußt wahr, dennoch spielt er eine große Rolle und entscheidet über Sympathie und Abneigung. Im Tierreich und bei den Menschen sorgen die sogenannten Pheromone für sexuelle Anziehungskraft, möglicherweise erfüllen bei den Pflanzen die ätherischen Öle ähnliche Aufgaben. Auch die Industrie hat diesen Gedanken schon aufgegriffen und setzt ätherische Öle ein, um Insekten anzuziehen oder zu vertreiben.

Manchmal genügt schon der Duft dieser Öle – im Kräutersäckchen oder in Duftlampen –, um zu beruhigen, oder um die Stimmung aufzuhellen. Aromaöle können aber auch ins Badewasser gegeben werden. Man würzt mit ihnen Speisen und kann selbstgemachte Cremen nicht nur beduften, sondern auch konservieren.

Eine der gebräuchlichsten Verwendungen ist die Inhalation. Äußerlich verwendet man ätherische Öle als Zusatz zu Massageölen, in Umschlägen und Kompressen sowie in Heilsalben. Und dann gibt es noch die Möglichkeit der inneren Anwendung. Das Pfefferminzöl zum Beispiel ist ein gutes Mittel gegen Magenverstimmungen. Und Nelkenöl ist schon lang als Erste Hilfe bei Zahnschmerzen im Einsatz.

Öle, die direkt mit dem Körper in Kontakt kommen, müssen sorgfältig ausgewählt werden. Viele von den angebotenen Billigprodukten enthalten einerseits gesundheitsschädliche Lösungsmittel, sind andererseits aber oft nur chemische Imitationen, die vielleicht die menschliche Nase täuschen können, aber völlig unwirksam sind. Außerdem kann ein Aromaöl – wie jede natürliche Substanz – Allergien und Reizungen hervorrufen. Empfindlichen Menschen ist daher zu raten: Probe machen! Geben Sie abends einen Tropfen des Öls in die Armbeuge. Reagiert die Haut mit Rötungen, Jucken oder Blasenbildung – Hände weg!

Es gibt noch einige generelle Regeln, die im Umgang mit Aromaölen beachtet sein wollen. In der Schwangerschaft verzichtet man am besten überhaupt auf Aromaöle, viele davon provozieren nämlich nicht erwünschte Nebenwirkungen. Epileptiker sollten auf ätherische Öle ebenfalls verzichten. Wer bei Kleinkindern Aromaöle verwenden will, muß sich beraten lassen, denn die meisten Öle, vor allem Kampfer, Eukalyptus, Majoran, Thymian und ähnliche, eignen sich für kleine Kinder nicht. Diese Regel gilt auch für Menschen mit erhöhtem Blutdruck.

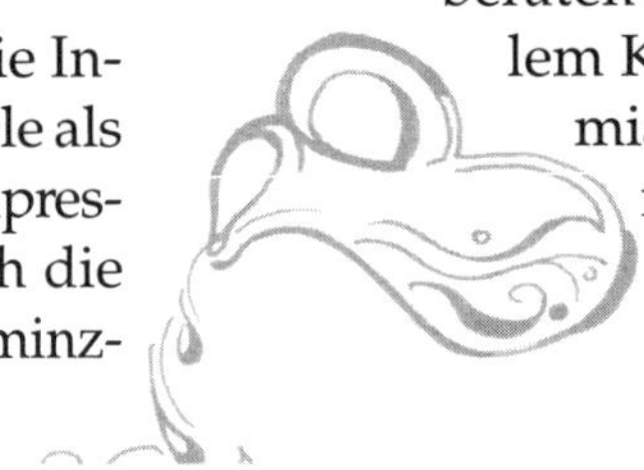

Aromatherapie

In Verbindung mit der Sonne können einige Öle zu phototoxischen Reaktionen (Ausschlag) und zu unschönen Verfärbungen der Haut führen: im Sommer also lieber aufpassen. Aromaöle, die eingenommen werden, müssen immer mit Fruchtsaft, Honig oder Joghurt verdünnt sein.

In der Aromatherapie gilt der Grundsatz: Weniger ist mehr. Je schwächer ein Duft wahrgenommen wird, desto intensiver wirkt er auf das limbische System. Das gilt besonders dann, wenn Sie mit Hilfe eines Aromaöles auf Eroberung aus sind!

Bach-Blütentherapie

Die Bach-Blütentherapie verdankt den Namen ihrem Entdecker, dem Engländer Edward Bach (1886–1936), der zwanzig Jahre als Arzt in London praktizierte. Er kam zu der Erkenntnis, daß Körper und Seele nicht getrennt voneinander betrachtet werden dürfen, und daß die Ursache vieler Krankheiten in der negativen psychischen Verfassung liegt, unter der viele Menschen leiden. Er meinte: „Was wir als Krankheit kennen, ist die letzte Phase einer viel tiefer liegenden Störung der Ordnung. Um einen völligen Heilerfolg herzustellen, wird also die Behandlung des Endergebnisses nicht ausreichen, solange nicht auch die grundlegende Störung beseitigt ist."
Edward Bachs Blütentherapie besteht aus der Anwendung von 38 verschiedenen Mitteln, die bis auf eine Ausnahme („Rock water") aus wildwachsenden Pflanzen hergestellt sind. Jedes Mittel bezieht sich auf einen bestimmten Gemütszustand (Angst, Resignation, Schock, Panikattacke usw.).
In diesem Buch sind Bach-Blüten insbesondere dann erwähnt, wenn es für die betreffende Pflanze eine solche Anwendung gibt.
Nicht erwähnt sind hingegen die Kalifornischen und die Australischen Blütenessenzen. Edward Bach war nämlich überzeugt davon, daß die 38 Blütenmittel, die er gefunden hatte, ein abgerundetes System bilden, das alle menschlichen Gemütsverfassungen umfasse.

Sonnenkräuter

SOL, DER SONNENGOTT

Sonnenkräuter

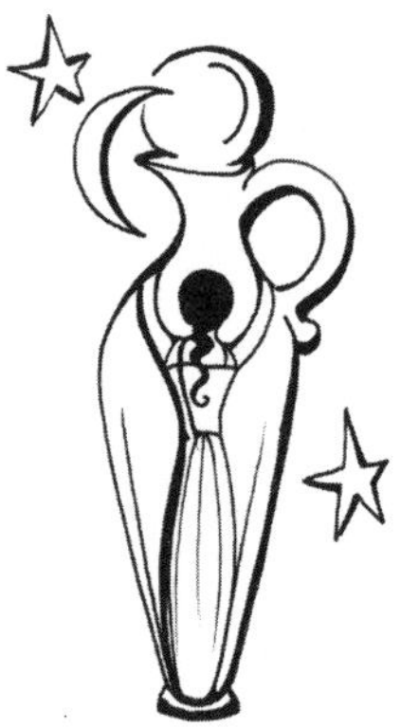

Astronomie

Die Sonne ist das Gravitationszentrum unseres Sonnensystems. Wie die meisten Sterne besteht sie vor allem aus Helium und Wasserstoff. Die Bedeutung dieses gewaltigen Gestirns (Durchmesser 1,392 Millionen Kilometer oder 109 Erddurchmesser) wurde von den Menschen von Anbeginn erkannt. Die Erde hätte in der Sonne 1,301.000mal Platz. Im Inneren der Sonne laufen Kernfusionsreaktionen ab. Je vier Protonen verschmelzen zu einem Heliumkern; dabei wird Energie frei. Pro Sekunde verschmelzen 650 Millionen Wasserstoffatome. Die entstehende Energie entspricht hundert Milliarden Ein-Megatonnen-Wasserstoffbomben. Die Sonne strahlt die Energie nach außen ab und ermöglicht damit alle Lebensvorgänge auf der Erde. Im Sonnenkern, wo die Kernreaktionen als Voraussetzung für das Fortbestehen der Sonne ablaufen, herrscht eine geschätzte Temperatur von 14 Millionen Grad, an der Oberfläche beträgt die Hitze 5.512 Grad Celsius.

Mythologie

Ob als Sol invictus oder Aton – in beinahe allen Kulturen dieser Erde wurde die Sonne göttlich verehrt. Die ersten Pyramiden Ägyptens, die in der fünften Dynastie erbaut wurden, galten der Verehrung der Sonne. Später führte der berühmte Pharao Echnaton (18. Dynastie) die Verehrung des Sonnengottes wieder ein. Der Sonne wurden von den Völkern Mittelamerikas blutige Opfer – auch Menschenopfer – gebracht. Meist wurde sie in Form eines männlichen Gottes verehrt. Aber es gibt auch Ausnahmen: Japans Kaiserhaus leitet seine Abstammung von der Sonnengöttin „Omikami Amaterasu" ab.

Planetenkräuter

Die Kräuter, die der Sonne zugeordnet sind, unterstützen die Lebenskräfte, das sind jene Energien, die von den Chinesen mit „Chi" umschrieben werden, und die bei den Indern „Prana" heißen.
Wie wichtig diese Kraft ist, wußte schon Nicholas Culpeper, der 1655 schrieb: „Achte das Herz, halte es in gutem Stand, denn die Sonne ist das Fundament des Lebens."

In diesem Buch werden folgende Sonnenkräuter behandelt:
Johanniskraut, Kamille, Liebstöckel, Mistel, Pfingstrose, Ringelblume, Rosmarin, Sonnenblume, Tausendguldenkraut und Wacholder.

Echtes Johanniskraut
(Hypericum perforatum)

Echtes Johanniskraut

Botanik

Echtes Johanniskraut, auch „Hartheu" genannt, ist eine Gattung aus der Familie der Johanniskrautgewächse, von denen weltweit ungefähr 350 verschiedene Arten bekannt sind. Das Echte Johanniskraut blüht von Juni bis August auf mageren Feld-, Wald- und Wiesenböden. In Mitteleuropa kommt es sehr häufig vor. Die Stauden mit den gegenständigen Blättern werden je nach Sorte zwischen 30 und 100 Zentimeter hoch, die Stengel verästeln sich nach oben zu. Im Garten zeigt Johanniskraut viele Qualitäten. Mit seinen leuchtendgelben Blüten heitert es schwer zugängliche Gartenecken auf. Es ist pflegeleicht, schätzt regelmäßige Wassergaben und mäßige Düngung. Folgende Pflanzenteile werden verwendet: Blätter und Sproßspitzen.

Mythologie

Die goldgelben Blüten des Echten Johanniskrautes werden seit jeher mit dem Licht verbunden. Die Blüten symbolisierten die Sonne, und damit das Gute, welches das Böse abhält. So wurde aus ihm ein Kraut, das die Geister vertreibt. Das Christentum verband das Johanniskraut mit Johannes dem Täufer, denn wenn man es quetscht, tritt rotes Pigment aus, das an Blut erinnert. Früher wurde es am Johannistag (das ist der 24. Juni) geerntet.

Körperlicher Nutzen

Johanniskraut wirkt wundheilend und beruhigend. Der Hauptwirkstoff sitzt in den Blättern und Staubgefäßen. Er regt den Stoffwechsel an und wirkt schmerzstillend. In erster Linie ist Johanniskraut aber *das* Mittel für das Nervensystem. Es löst Ängste und Spannungen und wirkt als Antidepressivum – besonders gegen die Winterdepression; aber dazu muß es einige Wochen lang getrunken werden. Johanniskraut soll darüber hinaus ein gutes Mittel gegen Nervenschmerzen sein, und es wird bei Kopfschmerzen und Ischiasbeschwerden empfohlen.
Man kann das Kraut auch in Öl einlegen. Johannisöl sollte in keiner Hausapotheke fehlen. Es ist, ähnlich wie Lavendelöl, ein ausgezeichnetes Mittel gegen Verbrennungen und kann auch bei leichten Ohrenschmerzen eingesetzt werden. Kinder sollen sich bei Ohrenschmerzen mit dem kleinen Finger selbst Johannisöl ins Ohr streichen. So vermeidet man Verletzungen. Und wer unter einem Tennisarm leidet, kann Einreibungen mit Johanniskraut versuchen. Man spricht dem Johanniskrauttee eine gewisse antibakterielle und adstringierende Wirkung zu, die sich günstig auf Magen-Darm-Entzündungen auswirkt.

Achtung: Das dunkelrote Johannisöl wirkt phototoxisch und macht die Haut besonders lichtempfindlich. Es kann zu Hautreizungen oder Verfärbungen führen. Beim Johanniskrauttee, der in der empfohlenen Menge genossen wird (2 Tassen täglich), ist jedoch keine Lichtempfindlichkeit zu erwarten.

Schönheit

Johanniskraut beruhigt die Haut und heilt nach Sonnenbrand und Verbrennungen.

Gefühl

Der Tee, aber auch die Blütenessenz dieses Krautes hilft den Menschen, die sehr empfindsam sind und leicht Angst kriegen – darüber hinaus kann es jenen nützlich sein, die zu Allergien neigen und die überempfindlich auf Wärme reagieren.

Magie

Das Johanniskraut heißt im Volksmund Hexenkraut oder Hartheu. Am Johannistag gepflückt und zu Sträußen gebunden, schützt es das Haus vor Blitzschlag und hält böse Geister fern. Der frische Tau der Blüten bewahrt die Augen ein Jahr lang vor allem Übel.

Botanik

Die in ganz West-, Süd- und Mitteleuropa verbreitete Kamille gedeiht auf Schutt und in Feldern und gehört botanisch zur Familie der Korbblütler (Compositae). Die Echte Kamille ist eine einjährige, etwa 20 bis 40 Zentimeter hohe, würzig riechende Pflanze, deren Blütenköpfchen aus weißen, nach unten weisenden Zungenblättern und gelben Scheibenblüten bestehen. Die Falsche Kamille (Matricaria inodora) ist geruchlos. Folgende Pflanzenteile werden verwendet: Blütenköpfchen.

Mythologie

Die Griechen nannten die Kamille wegen ihres Geruchs „Erdapfel" (Melon = Apfel), die Angelsachsen gaben ihr den Namen „Maythen" und verehrten sie als eines der neun heiligen Kräuter, die Wotan den Menschen geschenkt hat. Bei den Germanen war die Kamille dem Lichtgott Baldur geweiht, während die Christen sie wegen ihrer Heilkraft zu den Marienkräutern zählten. Das Kamillenöl ist seit dem 15. Jahrhundert bekannt. Im Mittelalter streute man Kamillenblüten auf den Boden und verbrannte sie, um unangenehme Gerüche und Krankheiten abzuhalten. Die Kamille diente auch als Grabpflanze, weil sie den Übergang in die andere Welt leichtermachen sollte.

KAMILLE
(Matricaria chamomilla)

Kamille (Matricaria chamomilla)

In der Blumensprache symbolisiert die Kamille Energie und die Fähigkeit, in schweren Zeiten durchzuhalten.

Körperlicher Nutzen

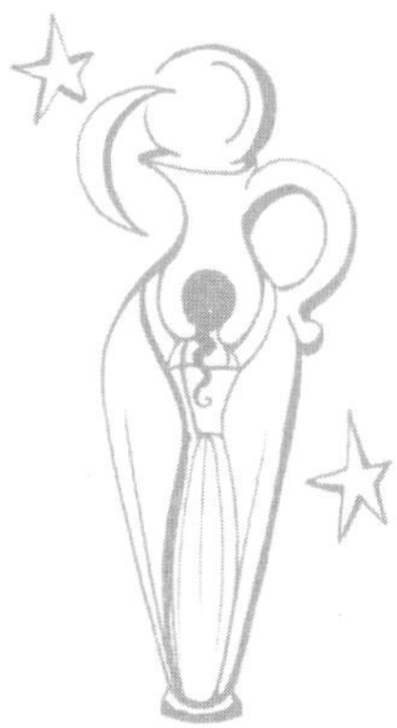

Die Kamille erweist sich als regulierend, sie dient als lindes Mittel gegen Durchfall und Verstopfung. Sie wirkt außerdem entspannend auf die glatte Muskulatur, lindert Gastritis und beruhigt einen Reizmagen. Ihre Bitterstoffe fördern die Verdauung und regen den Appetit an. Kamille ist darüber hinaus bei fieberhaften Krankheiten geboten, ebenso bei Infektionen. Sie zeigt sich entzündungshemmend und wirkt gegen Asthma und Reizhusten. Ihre entspannende Wirkung hilft auch gegen Krankheiten, denen emotionale Probleme zugrunde liegen.
Kamille ist generell bei allen fieberhaften Krankheiten zu empfehlen, denn schon allein dadurch, daß sie einen entspannten Schlaf fördert, unterstützt sie die Genesung.
Ihr Beiname „matricaria“ weist auf ihre alte Verwendung als „Frauenkraut“ hin. Kamillentee kann auch während oder kurz vor der Geburt getrunken werden, er lindert die Wehenschmerzen.

Aromatherapie

Der Hauptbestandteil der Pflanze, dem sie ihre Heilwirkung verdankt, ist das Azulen, ein blaues ätherisches Öl, das ihr den charakteristischen Duft verleiht. Es wirkt entspannend auf das Nerven- und das Verdauungssystem – besonders bei Kleinkindern. Azulen, ein bekannt starkes Antiseptikum, findet Verwendung gegen Bakterien und Pilze. Äußerlich aufgetragen, entpuppt es sich als starkes und ausgezeichnetes Heilmittel. Das Öl wirkt entzündungshemmend und fördert die Heilung des Gewebes. Verdünnt lindert es Verbrennungen und Entzündungen; in Dampfinhalationen verschafft es Erleichterung bei Asthma und Schnupfen, in Bädern ist es gut bei Blasenentzündungen und Hämorrhoiden. Verdünntes Kamillenöl erweist sich als ausgezeichnetes Mittel gegen entzündete Gelenke, außerdem hält es Mücken und andere Plagegeister ab.

Gefühl

Der Kamillentee ist auf der emotionalen Ebene gut für alle, die besonders leicht reizbar sind. Er verhilft Menschen, die körperlich überempfindlich reagieren, zu mehr innerem Gleichgewicht. Die Kamille stärkt jene, die glauben, eine schwere Phase in ihrem Leben nicht durchstehen zu können. Sie hilft, die Din-

ge mit etwas Abstand zu sehen und Heiterkeit zu finden. Kamille scheint immer dann angebracht, wenn Erwachsene oder Kinder reizbar, unruhig, trübsinnig oder launisch sind. Im seelischen Bereich ist Kamillenöl als Mittel gegen jeden Griesgram zu empfehlen.

Tip: Geben Sie Kamillentee in eine Vase mit schlappen Schnittblumen oder verwenden Sie ihn zum Gießen. Kamille wird allgemein als „Pflanzenarzt" gerühmt.

Schönheit

Ein altes, aber noch immer unübertroffenes Mittel für helles Haar ist, dieses mit Kamillentee zu spülen! Die Kamille verhilft ihm zu einem schönen Goldglanz.

Magie

Die Kamille wird traditionell in Liebestränken verwendet. Es zeigt sich darin der alte Glaube, daß man auf den Liebsten besonders anziehend wirkt, wenn man sich die Haare und das Gesicht mit Kamille wäscht. Die Kamille galt schließlich als ein Mittel, Böses abzuwehren. Früher hängte man ein Büschel Kamillenblüten über die Wiege, damit das Kind gesund blieb.

Liebstöckel (Levisticum officinale)

Botanik

In vielen Gärten Europas wird Liebstöckel, besser bekannt unter der Bezeichnung „Maggikraut", angebaut. Die sehr dekorative, nur selten verwildert vorkommende Kulturpflanze aus der Familie der Umbelliferae wird bis zwei Meter hoch. Die fleischige Wurzel riecht leicht nach Sellerie. Der Stengel ist aufrecht, hohl und verzweigt, die blaßgelben Blüten bilden Dolden, die wechselständigen, unten großen dreieckigen Blätter weisen Fiederungen auf. Liebstöckel ist heute fast ausschließlich ein Gewürzkraut. Maggikraut kommt heute nur mehr in der Küche zum Einsatz, als Suppenwürze und in Salaten. Folgende Pflanzenteile werden verwendet: Blätter und Wurzel.

Körperlicher Nutzen

In der Antike war Liebstöckel ein Heilkraut, von dem hauptsächlich die bitteren Wurzeln verwendet wurden. Die Pflanze gilt als harntreibend, sie wird zur Durchspülungstherapie vorbeugend gegen Harngrieß empfohlen. Außerdem findet die Wurzel der Pflanze in einigen handelsüblichen Nieren- und Blasentees Verwendung.

Tip: Ein oder zwei Zweige Liebstöckel zum Rindfleisch in die Suppe – das gibt einen besseren Geschmack als die nachträgliche Würze.

LIEBSTÖCKEL
(Levisticum officinale)

Botanik

Die Mistel zählt zur Familie der Loranthaceae, sie ist ein bis 50 Zentimeter hoher kugeliger Halbstrauch mit gabeligen Ästen und gegenständigen zungenförmigen und fleischigen Blättern. Aus den unscheinbaren gelbgrünen, in Scheindolden auftretenden Blüten entwickeln sich weiße, beerenartige, etwa erbsengroße, weiße und durchscheinende Scheinfrüchte mit klebrigem Fleisch. Man findet die Mistel, einen Halbschmarotzer, in ganz Europa auf Laubbäumen, in deren Kronen sich oft regelrechte Mistelkolonien ansiedeln. Auf Nadelbäumen kommt sie nur sehr selten vor. Mit Hilfe besonderer Saugorgane, den Senkern, entzieht sie dem Gewebe des Wirtsbaumes Nährsäfte.

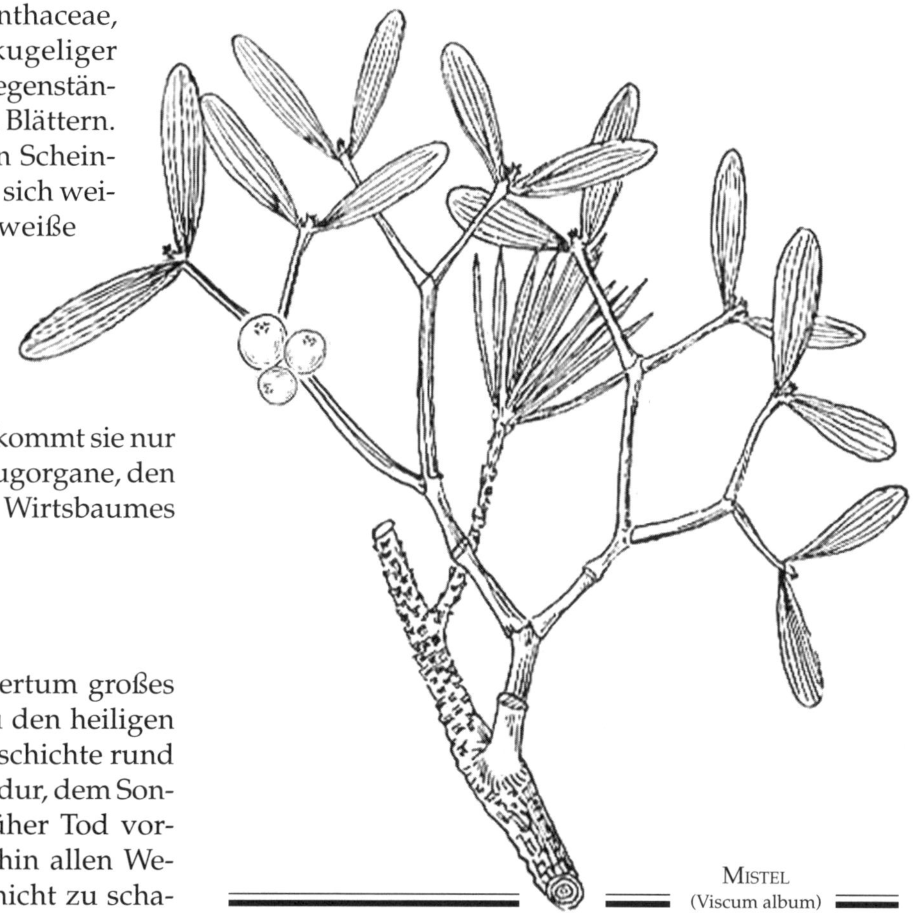

Mistel
(Viscum album)

Mythologie

Die Mistel ist eine Pflanze, die im Altertum großes Ansehen genoß und bei den Kelten zu den heiligen Kräutern gehörte. Die berühmteste Geschichte rund um das Kraut stammt aus der Edda: Baldur, dem Sonnengott der Germanen, wurde ein früher Tod vorausgesagt. Seine Mutter nahm daraufhin allen Wesen und Pflanzen den Eid ab, Baldur nicht zu scha-

den. Einzig die Mistel übersah sie. Loki, der hinterlistige Gott, erfuhr davon und fertigte aus dem Holz der Mistel einen Pfeil, den er Hödar, dem blinden Bruder des Baldur, überließ. Dieser erschoß Baldur damit im Spiel, weil alle Götter an die Unverwundbarkeit Baldurs glaubten.

Lang vor der Haselnuß verwendete man die Mistel zur Herstellung von Zauberstäben und Wünschelruten. In vielen Religionen trugen Götter den Beinamen „Gottheit des [magischen] Stabes" – gemeint war damit immer die Mistel. Die Druiden kannten keine heiligere Pflanze. Besonders wenn sie auf einer Eiche wuchs – was ziemlich selten ist –, wurden der Mistel außergewöhnliche Heilkräfte gegen allerlei Krankheiten und Beschwerden zugeschrieben. Am sechsten Tag nach Neumond wurden die Mistelbüsche von weiß gekleideten Druiden mit goldenen Sicheln von den Bäumen geschnitten und mit großem Ritual eingeholt.

In England hat sich der Brauch um die Mistel noch ein wenig erhalten: Ein Mistelzweig gehört zum traditionellen Weihnachtsschmuck, und jeder Mann, der unter dem Zweig eine Frau trifft, darf sie küssen.

Folgende Pflanzenteile werden verwendet: Blätter (niemals die Beeren!).

Körperlicher Nutzen

Für die medizinische Verwendung nimmt man oft Misteln von Apfelbäumen. In der Schulmedizin laufen Versuche rund um die der Mistel nachgesagte Fähigkeit, Tumore zu bekämpfen. Im Tierversuch hat sich gezeigt, daß Mistelextrakte die T-Zellen-Produktion anregen und so zur Immunabwehr beitragen. Es ist jedoch wenig sinnvoll, die vielen (an die tausend) im Handel befindlichen Mistelpräparate (Tees, Dragees, Kräutertabletten usw.) einzunehmen. Wirksam scheinen nur Injektionen zu sein, und diese (Helixor, Iscador und Vysorel) dürfen ohnehin nur unter ärztlicher Aufsicht verwendet werden, weil unerwünschte Nebenwirkungen auftreten können. Wenn Sie Misteltee, dem man regulierende Wirkung auf Herz und Kreislauf nachsagt, verwenden, dann nur als Kaltwasserauszug: zwei Teelöffel Kraut zwölf Stunden in kaltem Wasser ziehen lassen, abseihen, nur leicht erwärmen – es verliert sonst seine Wirksamkeit –, höchstens zwei Tassen am Tag trinken. Misteltee wird gegen Bluthochdruck und zur Vorbeugung von Arteriosklerose empfohlen. Die Nebenwirkungen können größer sein als die Wirkung, weshalb man besser auf andere Kräuterheilmittel ausweichen sollte!

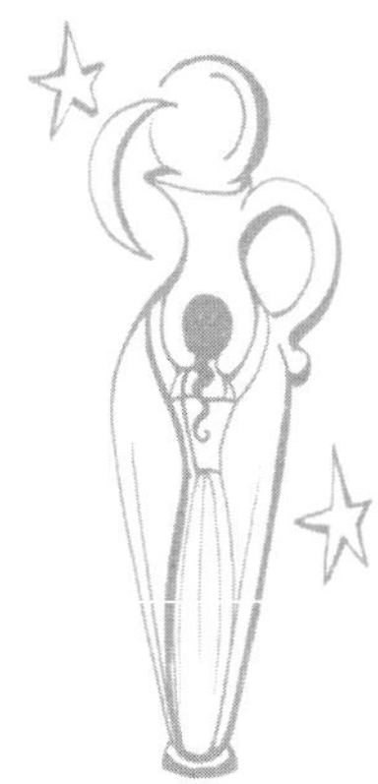

Pfingstrose (Paeonia)

Botanik

In etwa 30 Arten kommt die Pfingstrose, eine Zweikeimblättlergattung, vor. Sie ist insbesondere von Portugal bis Rumänien heimisch, in Mitteleuropa findet sie fast ausschließlich als Kulturpflanze in größeren Gartenanlagen Verwendung. Es handelt sich um eine ansehnliche, staudige bis strauchige Pflanze mit knollig verdickten Wurzeln und wechselständigen dunkelgrünen, spitz zulaufenden Blättern. Die einfachen, halbgefüllten und mit großem gelbem Grund gefüllten Blüten bilden kugelige Knospen und begeistern durch die Farbe (rosa, weiß, rot). Folgende Pflanzenteile werden verwendet: Wurzeln.

PFINGSTROSE
(Paeonia)

Mythologie

Viele glauben, die Pfingstrose sei eine exotische Pflanze und bei uns erst seit kurzem bekannt. Tatsache ist, daß die Pfingstrose bereits vor dreitausend Jahren in China kultiviert wurde. Es gibt jedoch auch europäische Arten. Paios, der als Arzt den Trojanischen Krieg mitgemacht haben soll, hat dieser prächtigen Pflanze den wissenschaftlichen Namen gegeben. Eine andere Geschichte erzählt von Paian, einem mythischen Götterarzt. Ihm soll die Göttin Letho eine Pfingstrose geschenkt haben, um damit die Wunden des Unterweltgottes Pluto zu heilen. Die Pfingstrose war den Griechen eine heilige Pflanze, die Böses abhielt. Weil man annahm, sie reflektiere das Licht des Mondes, setzte man sie gegen Alpträume ein und ordnete sie ursprünglich dem Mond zu. Nicholas Culpeper meinte jedoch, die Paeonie gehöre zur Sonne.

Körperlicher Nutzen

Seit dem Altertum wird die Pfingstrose gegen Nervenkrankheiten und Hysterie eingesetzt. Selbst die Äbtissin und große Heilkundige Hildegard von Bingen empfahl die Pfingstrose: Sie meint, ein gutes Mittel gegen Magenschmerzen sei, fünf Tage lang Wein zu trinken, dem neben einem Teil Fünffingerkraut acht Teile Pfingstrose und zwei Teile Eberraute beigefügt seien. Culpeper empfahl Pfingstrosenwurzeln gegen Epilepsie und zur Reinigung der Gebärmutter nach der Geburt. Er glaubte auch, daß die Samen gegen Alpträume wirkten.
Ab dem 17. Jahrhundert ging das „Ansehen" der Pfingstrose als Heilpflanze zurück, in Europa wird sie heute kaum mehr als solche – außer in ihrer homöopathischen Form – verwendet. In der chinesischen Medizin hat sich die Paeonie einen größeren Stellenwert bewahrt, sie findet Verwendung gegen schlechte Durchblutung und gegen Kopfschmerzen, die eine psychische Ursache haben. Außerdem gilt sie als entzündungshemmend und beruhigend.

Schönheit

Eine homöopathische Creme mit Paeonie ist ein gutes Mittel gegen irritierte und fleckige Haut.

Magie

Schon der antike Schriftsteller Plinius glaubte, daß die Pfingstrose die „Neckereien der Faune des Schlafes" bekämpfen helfe. Wahrscheinlich meinte er damit „Alpdrücke" nach zu reichlichem Essen. In die Wiege gesteckt, soll das Kraut der Pfingstrose Kinder vor Gespenstern schützen. Samen der Pflanze werden zahnenden Kindern als Kette um den Hals gehängt.

Tip: Man sollte die Pfingstrose nur mehr homöopathisch verwenden oder in kleinen Mengen als Schmuckdroge im Tee.

Ringelblume (Calendula officinalis)

Ringelblume
(Calendula officinalis)

Botanik

Die Ringelblume, ein Korbblütler, stammt ursprünglich aus dem Mittelmeerraum, wo sie in etwa 15 Arten wild vorkommt. In Mitteleuropa ist die Gemeine Ringelblume seit langem als Kulturpflanze heimisch. Die hellgrünen, zungenförmigen Blätter mit glattem Rand sitzen auf einem starken Stengel. Die oft orangegelbe Scheinblüte zeigt zahlreiche Zungenblätter, die sich bei wenig Licht schließen. Folgende Pflanzenteile werden verwendet: Blüten.

Mythologie

Die Ringelblume wurde schon immer mit der Sonne in Verbindung gebracht, weil sich ihre Blüten in der Nacht und bei schlechtem Wetter schließen. Mit ihr hat die Hausfrau einen trefflichen Wetterpropheten im Garten. Die Ringelblume ist eine Pflanze, die schon in der Antike hohes Ansehen genoß. Der Sage nach entstand sie, als sich das Mädchen Caltha in den Sonnengott Apoll verliebte, in dessen Hitze aber schmolz. An ihrer Stelle wuchs eine Ringelblume. Der englische Name – „Marigold" – weist darauf hin, daß die Ringelblume einst der Jungfrau Maria geweiht war. Man hat sie in der Vergangenheit aber auch wesentlich weniger ehrenvoll statt des teuren Safrans verwendet und aus ihr ein Butterfärbemittel hergestellt.

Ringelblume (Calendula officinalis)

Körperlicher Nutzen

Die Ringelblume ist ein ausgezeichnetes Mittel zur äußerlichen Behandlung von Wunden und kleineren und schlecht heilenden Geschwüren, bei Verletzungen, Erfrierungen und leichten Verbrennungen. Sie wirkt entzündungshemmend und granulationsfördernd. Äußerlich kann sie als Tee für Umschläge oder als Salbe angewandt werden.
Innerlich wird die Ringelblume als Mittel gegen Infektionen im Magen-Darm-Bereich sowie gegen Erkältungen und Grippe empfohlen. Sie soll sich sehr günstig auf die weiblichen Fortpflanzungsorgane auswirken und Menstruationsbeschwerden lindern. Die große Stärke der Ringelblume liegt aber zweifellos in ihrer kräftigen Heilwirkung für die Haut.

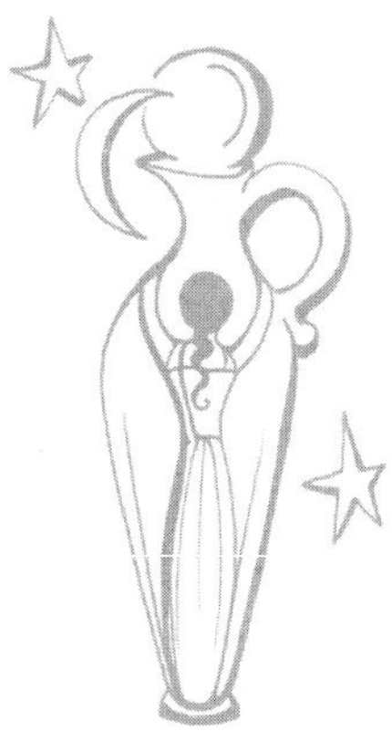

Schönheit

Wer unter schlechter Gesichtshaut leidet, versuche eine Trinkkur mit Ringelblume und wasche mit dem Rest des Tees mehrmals täglich das Gesicht.

Gefühl

Die Ringelblume symbolisiert den Lebenskreislauf. Sie wirkt besonders bei Menschen, denen die Wärme und Aufnahmebereitschaft für andere fehlen. Ihnen verhilft sie zu Mitgefühl und Verständnis. Die Ringelblume ist darüber hinaus eine Pflanze, die zwischen dem weiblichen und dem männlichen Teil in uns zu vermitteln weiß und uns erkennen läßt, wie wichtig es ist, beide anzunehmen.

Magie

Wer die Blätter einer Ringelblume bei sich trägt, weiß, wer einen beraubt hat. Ringelblumenblüten, in ein weißes Tuch eingeschlagen, sind ein Talisman, der Schutz gibt und die Kraft der Sonne vermittelt.

Rosmarin (Rosmarinus officinalis)

Rosmarin
(Rosmarinus officinalis)

Botanik

Rosmarin heißt eine zu den Lippenblütlern (Labiatae) gehörende Heil- und Gewürzpflanze, die vor allem in den Zwergstrauchheiden Südosteuropas wächst und auch angepflanzt wird. Der Rosmarin ist ein immergrüner, etwa eineinhalb Meter hoher Strauch mit verholzendem Stengel. Die vierkantigen Zweige tragen kreuzweise gegenständige, ein bis drei Zentimeter lange ledrige Blätter. Diese sind ungeteilt und an den Rändern umgerollt, sodaß sie nadelartig erscheinen. Die Unterseite eines Blattes zeigt sich weißlich, die Oberseite grün. Die meist blaßblauen, selten weißen, glockigen, stark duftenden Blütenkelche entwickeln sich an Kurztrieben in den Achseln der Laubblätter. Folgende Pflanzenteile werden verwendet: Blüten und Blätter.

Mythologie

Der Name dieser aus dem Mittelmeerraum stammenden Pflanze bedeutet „Meertau". Sie war in der Antike für ihre gedächtnisstärkende Leistung bekannt, weshalb griechische Schüler sogar Kränze aus Rosmarinzweigen trugen.

Rosmarin (Rosmarinus officinalis)

Rosmarin war den Menschen einerseits immer ein Schutzkraut, andererseits galt Rosmarin als Symbol für Liebe und Tod.
Wegen seines pilztötenden ätherischen Öles glaubte man, Rosmarin schütze vor Seuchen ebenso wie ganz allgemein vor dem Bösen und der Hexerei. Der Rauch verbrannter Rosmarinzweige machte nach alter Überzeugung die Luft frei von Krankheit und Tod. In Frankreich wurde früher ein Rosmarinzweig auf die Anklagebank gelegt. Im alltäglichen Leben gebrauchte man Rosmarin zum Würzen von Wein und Bier – und auch dazu, die Motten zu vertreiben.

Körperlicher Nutzen

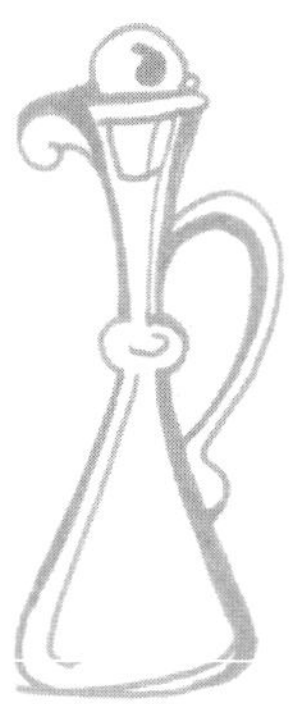

Rosmarin enthält ätherische Öle, die antibakteriell und pilztötend wirken und die Funktionen des Immunsystems unterstützen.
Rosmarin hat wärmende und stärkende Eigenschaften. Ein heißer Tee, beizeiten getrunken, kann Erkältungen und Infektionen vertreiben. In erster Linie ist die Pflanze aber ein gutes Kreislaufmittel, das die Durchblutung verbessert. Vielleicht ist darauf ihre vielgepriesene Konzentrationsförderung zurückzuführen – der bekannte Rosmarinwein und ein Kneippmittel aus dem Saft der Pflanze sind Anwendungsarten dafür.
Innerlich verwendet, ist Rosmarin ein Mittel, das die Gallentätigkeit anregt und die Fettverdauung verbessert. Seine Verwendung als Gewürzpflanze kommt also nicht von ungefähr. Verwenden Sie Rosmarin in der Küche, so oft es geht, insbesondere für Fleischgerichte, Saucen und Suppen. Ein Aufguß aus Rosmarin, vermischt mit Borax, ergibt ein gutes Mittel gegen Schuppen.

Aromatherapie

Das Rosmarinöl ist klar und hat einen starken, aber warmen Geruch mit leiser Kampferandeutung. Es wirkt antibakteriell und blutstillend (adstringierend). Die Araber streuten deshalb pulverisierten Rosmarin auf die Nabelschnur der Neugeborenen.
Bei Erkrankungen der Kopfhaut empfiehlt sich eine Spülung mit ein paar Tropfen Rosmarinöl.
Das ätherische Öl von Rosmarin ist ein gutes Kreislaufmittel. Der frische Duft wirkt außerdem stimulierend und hilft, die Konzentration zu steigern. Bei Kopfschmerzen erlangt man Linderung, wenn man die Schläfen mit Rosmarinessenz oder verdünntem Rosmarinöl einreibt.

Rosmarinöl gilt als kräftigendes Mittel bei zerrütteten Nerven. Es bringt geistige Klarheit und innere Stärke.

Schönheit

Im 14. Jahrhundert soll die 72jährige Königin Elisabeth von Ungarn, die an Gicht und Rheumatismus litt, durch Rosmarin derart jung geworden sein, daß der König von Polen um ihre Hand anhielt. Daraufhin sei das „Königinnenwasser" überall gepriesen worden. Immerhin – Rosmarin ist noch heute Bestandteil des „Eau de Cologne".

Königin-von-Ungarn-Wasser: 100 Gramm Rosmarinblüten, 1 Liter Weißwein. Die Blüten in Wein ansetzen und einen Monat ziehen lassen, dann abseihen.

Rosmarinwein: 1 Flasche Weißwein, 1 Handvoll frische Rosmarinnadeln. Zwei Wochen ziehen lassen, bei Bedarf ein kleines Glas davon trinken.

Gefühl

Rosmarin öffnet das Herz, vertreibt Trauer und Bitterkeit. Er ist besonders Menschen zu empfehlen, die unter der Grausamkeit anderer leiden. Er ist gut einerseits für jene, die hohe Ideale pflegen und zwangsläufig immer wieder enttäuscht werden, andererseits verhilft er den zu Offenherzigen zu mehr Realismus.

Magie

Rosmarin ist mit Liebe, Ehe und Tod verbunden. Bräute wurden mit Rosmarin bekränzt, den Toten legte man Rosmarin in die Gräber, um ihnen mit dessen Duft den Übergang in das Jenseits zu versüßen – oder vielleicht auch, um die Seele in der Ewigkeit vor dem Bösen zu schützen.

Unter das Bett gestreut, schützt Rosmarin vor Alpträumen, in einem Beutel um den Hals getragen, vor Schlangenbissen und Insektenstichen.

Es geht das Gerücht, daß in einem Haus, wo Rosmarin wächst, die Frau das Regiment führe. Und manche sagen, daß Rosmarin gar Elfen und andere Elementarwesen anlocke …

Sonnenblume (Helianthus annuus)

SONNENBLUME
(Helianthus annuus)

Sonnenblume (Helianthus annuus)

Botanik

Die einjährige Sonnenblume, ein kräftiger, rauhhaariger Korbblütler (aus der Familie Compositae) mit großen gesägten Blättern und bis armdicken, markhaltigen Stengeln erreicht an günstigen Standorten bis vier Meter Höhe. Der riesige Blütenkorb zeigt einen dichten Kranz leuchtendgelber Zungenblüten und zahlreiche kleine, bräunliche Röhrenblüten. Die kantigen, weiß, grau oder schwarz gefärbten Früchte enthalten bis zu 40 Prozent hochwertiges fettiges Öl. Die Sonnenblume ist eine alte mexikanische Kulturpflanze, die erst im 16. Jahrhundert als Zierpflanze nach Europa kam, wo sie sich mittlerweile zu einem wichtigen Pflanzenöllieferanten entwickelt hat, aber auch in verwilderter Form vorkommt. Hauptanbaugebiete sind der Balkan, die Mittelmeerländer und Rußland.

Sonnenblumenkerne werden auch frisch gegessen und als Futtermittel verwendet; das Mark der Sonnenblume findet in der Zelluloseherstellung Verwendung. Jeder Teil dieser Pflanze kann genutzt werden: Die Samen sind nahrhaft, man stellt aus ihnen Brotgewürz und Öl her, aus den Blättern lassen sich Papier und ein Tabakersatz machen, und die Blüten enthalten einen vielseitig verwendbaren gelben Farbstoff. Verwendete Teile sind die Kronblätter, Samen und Blätter.

Mythologie

Schon der Name bringt diese prächtige Pflanze mit der Sonne in Verbindung – kein Wunder, denn sie richtet ihre Blüten immer nach dem Sonnenstand. Bei den alten Kulturen Mittelamerikas stand die Sonnenblume als Symbol des Sonnengottes Atahualpa in hohem Ansehen.

Körperlicher Nutzen

Die Samen der Sonnenblume sind äußerst nahrhaft und vitaminreich, sie enthalten eine Reihe von wertvollen Mineralstoffen.

Aromatherapie

Sonnenblumenöl ist eine sehr gute Trägersubstanz für alle Mischungen der Aromatherapie.

Tausendguldenkraut (Erythraea centaurium)

Tausendguldenkraut
(Erythraea centaurium)

Botanik

Beim Tausendguldenkraut handelt es sich um ein ein- bis zweijähriges, 15 bis 30 Zentimeter hohes Enziangewächs, das in Mitteleuropa auf Wiesen und Weiden, an Wald- und Wegrändern gedeiht. Die Pflanze ist eine kleine Wilde, sie läßt sich nicht gern kultivieren, zieht sandige Standorte vor und liebt Weiden und Hecken als Nachbarn. Weltweit sind an die 40 Arten bekannt. Aufrechte, im Oberteil verzweigte Stengel tragen Blätter in grundständiger Rosette. Die Stengelblätter sind gegenständig, länglich oval mit glattem Rand. Die kleinen, sternförmigen fleischroten Blüten stehen in dichten Trugdolden mit fünf spitz zulaufenden Kronblättern beisammen. Folgende Pflanzenteile werden verwendet: blühende Pflanzen.

Mythologie

Der lateinische Name der Pflanze erinnert an den Zentauren Chiron, der mit Hilfe des Tausendguldenkrauts eine vergiftete Wunde geheilt haben soll. Die Römer nannten die Pflanze „fel terrae“ (Galle der Erde), was auf ihre Bitterkeit anspielt. Diese ist auch schuld daran, daß das Tausendguldenkraut in bitteren Aperitifs und Likören verwendet wird.

Körperlicher Nutzen

Auch die medizinische Bedeutung des Krautes basiert auf der Bitterkeit der Pflanze. Tausendguldenkraut ist gut für die Verdauung, indem es die Leber- und Gallentätigkeit anregt. Gleichzeitig reinigt es das Blut und befreit von Giftstoffen. Heiß getrunken senkt Tausendguldenkrauttee sehr effektiv das Fieber, weshalb er früher als Ersatz für Chinin verwendet wurde. Insgesamt wirkt Tausendguldenkraut stärkend, es fördert die Erholung nach Krankheiten. Äußerlich kann es als Umschlag gegen Verletzungen der Haut, Eiterbeulen und Geschwüre verwendet werden.

Bach-Blütentherapie

„Centaury" ist ein Mittel für willensschwache Personen, die sich zu leicht beeinflussen lassen. Es ist dann angebracht, wenn man das Gefühl hat, sich immerzu ausnutzen zu lassen und dazu zu neigen, unterwürfig zu sein. Es hilft, die eigene Persönlichkeit zu entwickeln und nein sagen zu lernen.

Gefühl

Tausendguldenkraut hilft, den Tag mutig zu beginnen. Es ist das „Kraut des gerechten Zorns" und gut für jene, die Probleme haben, für sich selbst einzustehen und für die eigenen Rechte zu kämpfen.

Schönheit

Ein Absud aus Echtem Tausendguldenkraut (und der tiefe Glaube daran) hilft gegen Haarausfall. Man gibt 50 Gramm Tausendguldenkraut auf einen Liter Wasser und läßt zehn Minuten ziehen.

Magie

Im Mittelalter verwendeten die „Hexen" das Tausendguldenkraut, um geistige und magische Fähigkeiten zu steigern. Man glaubte auch, das Kraut schütze vor dem Bösen.

Wacholder (Juniperus communis)

Botanik

Der in fast ganz Europa vorkommende Wacholder ist der wichtigste Vertreter der Zypressengewächse in Mitteleuropa. Es handelt sich bei ihm um einen zweihäusigen, bis sechs Meter hohen, schlanken, aber stark verzweigten Nadelstrauch mit spitz abstehenden, jeweils zu dreien angeordneten, blaugrünen Blättern. Im Frühjahr erscheinen noch vor dem Blattaustrieb unscheinbare, windbestäubte, gelbliche Blüten. Die dunkelblauen, weiß bereiften, zapfenähnlichen Beeren benötigen zwei Jahre zur Reife. Wacholder liefert ein widerstandsfähiges zähes Holz mit rotbraunem Kern und gelbweißem Splint. Dank seiner Anspruchslosigkeit hat sich der Wacholder zur Charakterpflanze von Heideflächen entwickelt. Folgende Pflanzenteile werden verwendet: Zweige und Früchte.

Mythologie

Beeren und Wurzeln des Wacholders wurden schon im Altertum als Räuchermittel verwendet, mit ihnen wurden Tempel gereinigt. Der Wacholderrauch stand nämlich im Ruf, Schlangen und böse Geister zu vertreiben. Ein ägyptischer Papyrus zählt Wacholder zu den Heilpflanzen, und das Öl aus seinen Beeren galt in der europäischen Volksmedizin als Allheilmittel.

Körperlicher Nutzen

Wacholderbeeren sind ein ausgezeichnetes Mittel, sich gegen Erkältungskrankheiten zu schützen. Morgens auf leeren Magen gekaut, helfen sie gegen Blähungen und Kolikneigung. Wacholder steigert die Lebenskraft und entfernt Schlacken aus dem Körper. Seine Beeren (in Teemischungen gegeben) helfen, der Haut ihr Gleichgewicht wiederzugeben.
Die Volksmedizin setzt das Öl aus seinen Beeren in vielfältiger Weise ein. Der hilfreiche Wacholder regt den Kreislauf an.

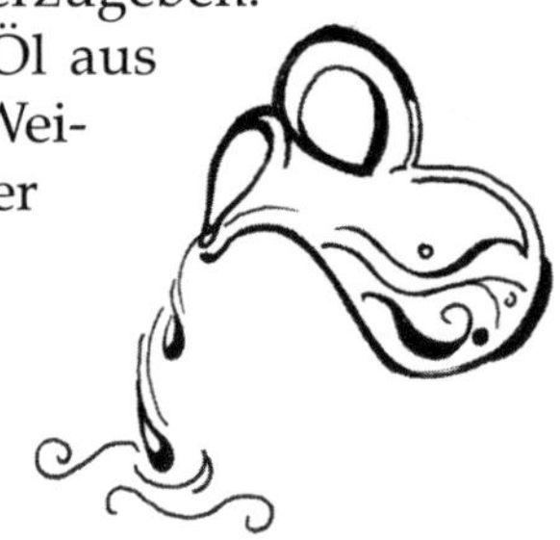

Wacholder (Juniperus communis)

Schönheit

Wer ein gutes Mittel gegen Akne oder fette Haut benötigt, rührt fünf bis acht Tropfen Wacholderöl in 100 Milliliter fettfreie Cremebasis. Gibt man einige Tropfen Wacholderöl in destilliertes Wasser, erhält man ein Tonikum, das die Haut reinigt und strafft (vor Gebrauch schütteln).

Gefühl

Wacholder ist als Sonnenkraut eine Feuerpflanze. Er hilft „wässerigen“ Menschen, die von Emotionen beherrscht werden, zu mehr „Trockenheit“. Er zentriert und schenkt diesen Menschen den Mut, der ihnen oft fehlt.

Magie

Der Blütenstand des Wacholders wird häufig in Liebeszaubern und in der Nekromantie (Totenbeschwörung) benutzt.

Ein Achtung! zum Abschluß: Wacholder wirkt sehr stark und darf daher auf keinen Fall Schwangeren und Kindern sowie entkräfteten Personen gegeben werden.

WACHOLDER
(Juniperus communis)

Notizen

Merkurkräuter

MERKUR, der Götterbote und Gott des Handels

Merkurkräuter

Astronomie

Merkur, im Durchmesser 4.840 Kilometer „klein“ und im Mittel 58 Millionen Kilometer von der Sonne entfernt, ist der sonnennächste Planet. 88 Tage benötigt er, um die Sonne einmal zu umkreisen. Die Oberflächenbeschaffenheit ähnelt der des Erdenmondes. Auf dem Merkur herrscht nur ein äußerst geringer atmosphärischer Druck. Auf der Tagseite steigen die Temperaturen auf 425 Grad, auf der Nachtseite sinken sie auf minus 170 Grad.

Mythologie

Der Planet hat seinen Namen vom römischen Schutzgott des Handels und der Kaufleute. Seine Kennzeichen sind die Flügelschuhe, der kleine Heroldstab und der geflügelte Hut. Der Planet Merkur steht seit alten Zeiten für das Denken und das Handeln und – er symbolisiert das Element Erde.

Planetenkräuter

Die Kräuter, die dem Planeten Merkur zugeordnet sind, wirken vor allem auf das Nervensystem und die Lungen. Sie erden, stabilisieren und beruhigen, haben aber auch eine allgemein leicht dämpfende Wirkung, die sich, wenn das Nervenkostüm überreizt ist, als nützlich erweist. Menschen, die unter Depressionen leiden, sollten Merkurkräuter jedoch meiden.

In diesem Buch werden folgende Merkurkräuter behandelt:
Baldrian, Fenchel, Geißblatt, Karotte, Lavendel, Majoran und Petersilie.

Baldrian (Valeriana officinalis)

Botanik

Zur Gattung der Baldriangewächse (Valerianaceae) gehören etwa 250 Arten. Das als krautige Pflanze, Strauch und Liane vorkommende Gewächs ist auf der ganzen Nordhalbkugel und in Südamerika anzutreffen. Der Arzneibaldrian (Valeriana officinalis) gedeiht an feuchten Stellen und wird bis eineinhalb Meter hoch. Die unpaarig gefiederten, an den Rändern grob gezähnten Blätter stehen einander am derben, wenig verzweigten Stengel paarweise gegenüber. Die rötlich oder weiß gefärbten asymmetrischen Blüten vereinigen sich zu Trugdolden. Baldrian verströmt einen eigenartig unangenehmen Geruch. Folgende Pflanzenteile werden verwendet: die unterirdischen Teile der Pflanze (Wurzelstock, Wurzel).

Mythologie

Um das Jahr 1000 galt Baldrian als eine der heiligen Pflanzen. Später glaubten die Christen, er sei aus den Blutstropfen Christi entstanden.

Körperlicher Nutzen

Schon in der Antike wurde Baldrian gegen nervöse Beschwerden, zur Bekämpfung von Schmerzen und als harntreibendes Mittel eingesetzt. In vielen Kriegen mußten sich Schiffs- und Militärärzte vergangener Zeiten mit Baldrian und Kamille als Heilkräuter bescheiden. Baldrian ist eine Pflanze für das Nervensystem. Er wirkt schmerzstillend und krampflösend und hat eine leicht sedierende Kraft. Baldrian läßt sich gegen Angstzustände ebenso einsetzen wie gegen chronische Schlaflosigkeit und Einschlafstörungen. Bei einem Schock als Erste Hilfe fünf bis sechs Tropfen Baldriantinktur in einem Glas Wasser einnehmen. Aber Vorsicht! Baldrian kann physisch abhängig machen – also nur in „Schüben“ verwenden und dazwischen pausieren!

Bach-Blütentherapie

Bei einem Schock vier Tropfen des Bach-Blütenmittels „Rescue Remedy“ in ein Glas Wasser geben und langsam austrinken.

Baldrian (Valeriana officinalis)

Gefühl

Baldrian gibt, in kleinen Mengen eingenommen, Mut und Widerstandskraft. Er hilft, das Denken ins Lot zu bringen, und er greift jenen unter die Arme, denen es an Willen fehlt oder die handlungsunfähig sind. Baldrian ist ferner ein gutes Mittel gegen „übersinnliche" Ängste, er bewahrt vor Geistern, vor der Dunkelheit oder bösen Mächten.

Magie

Man schrieb dem Baldrian die Kraft zu, Liebe zu wecken – vielleicht, weil man sah, wie er auf Katzen wirkt. So gesehen, verwundert nicht das Gerücht, daß eine Frau, die sich mit Baldrian einreibt, unwiderstehlich für alle Männer sein soll. Am Körper getragen, schützt Baldrian vor Blitzen und Verhexungen.

Baldrian
(Valeriana officinalis)

Botanik

Fenchel ist eine Heil- und Gewürzpflanze aus der Familie der Doldengewächse (Umbelliferae). Er ist ursprünglich im Mittelmeergebiet heimisch, wo man ihn gelegentlich auch verwildert antrifft. Fenchel kommt heute – nachdem er schon im Mittelalter von Mönchen nach Mitteleuropa gebracht worden war – in fast ganz Europa vor. Er ist eine ausdauernde Pflanze mit bis zu zwei Meter hohen, dicken, verholzenden Stengeln, fein zerteilten, fadenförmigen, kräftig grünen, glänzenden Blättern und kleinen, kräftig gelben, zu Dolden vereinigten Blüten. Die Früchte des Fenchel sind bis zehn Millimeter lang; sie enthalten das ätherische, bis 60 Prozent aus Anethol bestehende Fenchelöl. Für Heilzwecke verwendet man insbesondere den Butterfenchel, zum Würzen den Gewürzfenchel, als Speisegemüse den Zwiebelfenchel. Folgende Pflanzenteile werden verwendet: Früchte, Samen, Wurzel und Blätter.

FENCHEL
(Foeniculum capillaceum)

Mythologie

Der Fenchel ist eine uralte Kulturpflanze, die schon den Ägyptern bekannt war. Sein Name rührt von der römischen Bezeichnung her: „foenum", das bedeutet Heu. Plinius empfahl den Fenchel gegen nicht weniger als 22 verschiedene Beschwerden. Im antiken

Griechenland nahm man Fenchel als Liebesmittel ein, im alten China schätzte man ihn als Heil- und Gewürzpflanze. Culpeper meint, Fenchelsamen sei gut gegen „alle Gifte“ – und wirklich scheint die Tinktur die Wirkung des Alkohols im Körper herabzusetzen.

Körperlicher Nutzen

Auch heute wird Fenchel als Heil- und Gewürzpflanze verwendet; in letzterer Funktion hauptsächlich zum Würzen von Brot. Als Gemüse verzehrt, ist Fenchel leicht verdaulich und appetitanregend. In der Heilkunde werden die Früchte besonders bei Magen- und Darmerkrankungen verwendet. Er wirkt mild abführend und beruhigt den Magen. Tee aus (leicht gequetschten) Fenchelsamen ist ein gutes Mittel gegen Blähungen und Bauchschmerzen. Fenchelsamen wurden schon immer gern als Mittel für frischen Atem gekaut. Zu Brei gekochter Fenchel gilt als altes Hausmittel gegen Blutergüsse und Milchstau.

Aromatherapie

Fenchelöl ist ein altes und bekannt windtreibendes Mittel. Es ist klar und verströmt einen süßlichen, anisähnlichen Duft. Seine krampflösende Wirkung macht es zum Mittel gegen Koliken. Im Tierversuch bewirkt es auch eine Reduktion des Körpergewichts, eine Eigenschaft, deretwegen die Hellenen die Pflanze in hohem Ansehen hielten. Zu beachten ist, daß Fenchelöl wegen des Ketongehaltes zu den Aromaölen mit toxischer Wirkung zählt und von Schwangeren und Epileptikern daher gemieden werden soll.

Schönheit

Ein Absud aus der ganzen Pflanze ist als Tonikum verwendbar und ein gutes Mittel für klare Haut und feine Poren, weil er leicht adstringierend wirkt.

Gefühl

Fenchel kräftigt die Seele, wirkt beruhigend und tröstend. Er unterstützt jene, die verängstigt sind, und die mit ihrem Körper nicht zurechtkommen. Fenchel hilft, die Angst vor der Sinnlichkeit zu verlieren. Viele Kräuterheiler meinen, daß der Fenchel für Magersüchtige und Eßsüchtige gleichermaßen zu empfehlen sei, weil er dabei helfe, mit dem Leiblichen umgehen zu lernen. Fenchel ist immer dann angebracht, wenn Gefühle genährt werden sollen.

Magie

Fenchel ist ein altes Schutzmittel gegen Zauberei und böse Geister.

Geißblatt (Lonicera caprifolium, Lonicera periclymenum)

GEISSBLATT
(Lonicera periclymenum)

Botanik

Das Geißblatt, auch Heckenkirsche genannt, gehört zur etwa 180 Arten zählenden Familie der Geißblattgewächse (Caprifoliaceae). Sie gedeihen auf der Nordhalbkugel und in den südamerikanischen Anden. Die Geißblattarten sind bis fünf Meter hohe, sich windende Sträucher mit ungeteilten Blättern und zwischenlippigen Blüten, von denen je zwei dicht nebeneinander stehen. Aus ihnen entwickelt sich zur Fruchtzeit eine Doppelbeere. Die jungen Äste sind an der Spitze behaart, die Blätter gegenständig, die cremefarbenen Blüten am Stengelansatz rötlich und die mit langer Röhre versehenen Kronblätter an den Spitzen eingerollt. Mit dem Namen Geißblatt bezeichnet man meist eine bestimmte Art, nämlich das Wohlriechende Geißblatt (Lonicera caprifolium, vom Volksmund auch „Je-länger-je-lieber" genannt). Es wird wegen seiner winden-den Stengel und der wunderbar duftenden, gelblichweißen Blüten als Kletterstrauch zur Bekleidung von Lauben gepflanzt. An Waldrändern und unter Gebüschen wächst das Wald-Geißblatt (Lonicera periclymenum). Folgende Pflanzenteile werden verwendet: Blätter und Blüten.

Geißblatt (Lonicera caprifolium, Lonicera periclymenum)

Mythologie

Ihren deutschen Namen trägt diese kletternde (oder eigentlich: windende) Pflanze, weil Ziegen sie so lieben. Die lateinische Benennung des Wald-Geißblattes erinnert an einen der Argonauten, Periclymenus, der angeblich die Kunst beherrschte, seine Gestalt zu verändern. Das Geißblatt verändert seine Gestalt zwar nicht, wohl aber seine Farbe. Sein wunderbarer Duft, die auffallend hübschen Blüten und das sich „Um-etwas-Winden" machen das Geißblatt in der Blumensprache zum Symbol für innige Verbundenheit – gleichzeitig aber auch für die Unbeständigkeit der Liebe. Früher argwöhnte man, das Geißblatt löse unanständige Träume aus. Jungen Damen war das Kräutlein daher verboten …

Körperlicher Nutzen

Als Kräutermittel wird Geißblatt zwar eingesetzt, ist als solches aber wenig gebräuchlich. Ein Absud aus den Blättern der Waldheckenkirsche (Lonicera periclymenum) soll auf Grund seiner entzündungshemmenden Wirkung gut sein – insbesondere gegen Hautentzündungen.

Bach-Blütentherapie

„Honeysuckle" ist die Essenz für Menschen, die in der Vergangenheit leben und nicht ins Heute finden. Sie verschließen sich daher jeder neuen Bindung und Erfahrung. Zu „Honeysuckle" greifen jene, die unter Heimweh leiden, oder die sich nicht aus vergangenen Lebensabschnitten lösen können. Die Essenz hilft nämlich, den Weg in die Gegenwart zu finden und das Vergangene in die richtige Perspektive zu setzen.

Karotte (Daucus carota, Daucus sativus)

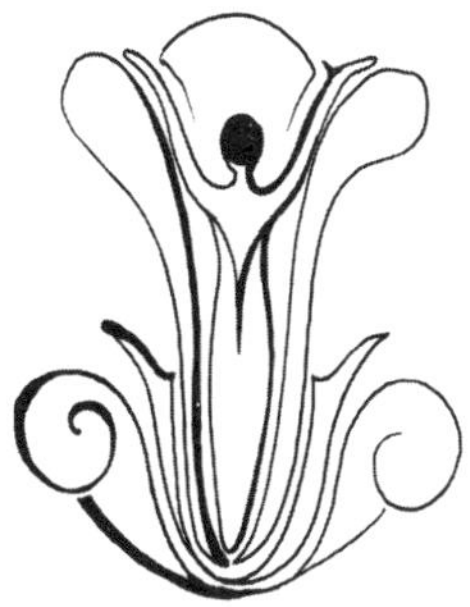

Botanik

Die Karotte ist eine Kulturpflanze aus der Familie der Doldengewächse (Umbelliferae), die als Wurzelgemüse in vielen Ländern der gemäßigten und subtropischen Zone (nur) in kultivierter Form vorkommt. Die Entstehung der Gartenkarotte aus der wildwachsenden Karotte ist nicht völlig geklärt. Wahrscheinlich spielte die auch in Mitteleuropa auf Wiesen vorkommende Wilde Karotte (Daucus carota) dabei eine wichtige Rolle. Die Karotte ist eine zweijährige Pflanze mit orangefarbener Wurzel, gefiederten und gezahnten Blättern und grünlichweißen, zu flach gewölbten dichten Dolden vereinigten Blüten. Zur Fruchtzeit ziehen sich die Doldenstrahlen vogelnestartig zusammen. Karotten können roh oder gekocht gegessen werden. Bemerkenswert sind japanische Sorten mit blutrot gefärbten Wurzeln. Folgende Pflanzenteile werden verwendet: Wurzel und Samen.

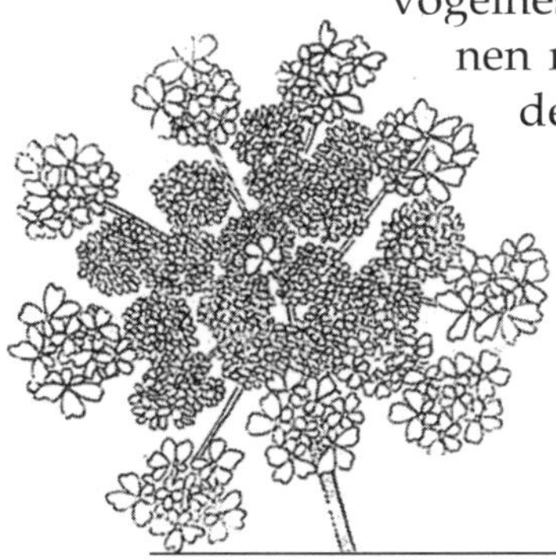

Mythologie

Karotten machen Männer liebenswürdig und Frauen schön, sagt der Volksmund.

Körperlicher Nutzen

Daß Karotten für die Gesundheit von großer Bedeutung sind, hat sich längst herumgesprochen. Grund dafür ist vor allem ihr hoher Gehalt an Vitamin A. Dieses – eigentlich ein Provitamin, das erst im Körper zu Vitamin A umgewandelt wird – sorgt für schöne Haut, gute Augen und besseres Sehen in der Nacht. Karotten wirken günstig auf die Schleimhäute, und sie stärken die Widerstandskraft. Gegen Sodbrennen hilft ein Glas Karottensaft täglich.
Karottensaft wird auch von kleinen Kindern meist sehr gut vertragen und gern getrunken. Vermischt mit Honig und etwas Zitrone ist er ein gutes Mittel, um gesund über den Winter zu kommen.
Gedünstete Karotten sind ein hervorragendes Mittel für die Diätküche. Übrigens: In Milch gekocht sind sie auch ein Potenzmittel – sagt man. Einen Versuch ist das Gerücht allemal wert. Generell enthalten rohe Karotten jedoch ungleich mehr Vitamine und Mineralstoffe als gekochte.

Karotte (Daucus carota, Daucus sativus)

KAROTTE
(Daucus carota)

Aromatherapie

Karottensamenöl duftet nach Erde und Wald und ist ein ausgezeichnetes Mittel gegen alternde Haut. Es nährt und strafft, und es beschleunigt, dem Sonnenöl beigemischt, sogar die Bräunung. Es verwundert daher nicht, daß sich Karottensamenöl auch als Heilöl bei Hauterkrankungen erwiesen hat.

Schönheit

Karotten sind ein hervorragendes Schönheitsmittel. Eine Karotte raspeln, mit Mandelöl und einem Spritzer Zitronensaft zu einem Brei vermengen und auf das gereinigte Gesicht auftragen; wer es zu Hause hat, kann auch drei Tropfen Karottensamenöl zufügen; 20 Minuten einwirken lassen, dann abspülen. Die „Karottenmaske“ ist ein probates Mittel gegen trockene Haut.

Lavendel (Lavendula officinalis)

Botanik

Der Lavendel ist ein im westlichen Mittelmeerraum heimischer, bis 60 Zentimeter niedriger Halbstrauch der Familie Labiatae, der in verschiedenen Sorten auftritt. Kultiviert kommt er in ganz Europa vor. Der Strauch ist mit schmalen, langen, graugrünen Blättern, in den Blattachseln mit gegenständigen kleinen Blättern bewachsen. Aus den nicht voll entfalteten blauvioletten, ährenartigen Blüten mit Kelchen wird die Droge „Flores Lavandulae" gewonnen. Wichtigster Bestandteil ist das schwach gelb gefärbte ätherische Öl. Die Wertbestimmung beruht im wesentlichen auf dem Gehalt an 1-Linalylacetat. Der größte Teil der Lavendelblütenernte wird für die Gewinnung des ätherischen Öls verbraucht, das überwiegend für die Herstellung verschiedener Riechstoffe gebraucht wird. Folgende Pflanzenteile werden verwendet: Sproßspitzen und Blütenknospen.

LAVENDEL
(Lavendula officinalis)

Mythologie

Lavendel ist eine so alte und beliebte Duftpflanze, daß viele schon deshalb seinen Duft nicht mögen: Er erinnert an alte, unverheiratete Tanten – und er verströmt auch wirklich den unerotischsten Duft, den man sich vorstellen kann. Den Namen hat der Lavendel vom lateinischen „lavare“, das „waschen“ bedeutet.

Körperlicher Nutzen

Lavendel benutzte man früher vor allem für Körperessig, für die Wäsche (um Motten abzuhalten), für Duftwässerchen und zur Infektabwehr (Lavendel ist Bestandteil des „Vier-Diebe-Essig“).
Die Hauptwirkung des Lavendels beruht auf seinem ätherischen Öl, das schon bei der geringsten Berührung der Blüten frei wird und eine sehr kräftige antiseptische Wirkung hat. Ein Aufguß aus den Blüten wirkt entspannend und ergibt einen guten Schlaftee für jene, die nicht einschlafen können. Lavendel erweist sich als wirksames Nerventonikum, er entspannt und erhellt die Stimmung.
Wie die meisten Merkurkräuter fördert Lavendel die Verdauung und mildert Bauchkrämpfe, besonders dann, wenn Angst oder Aufregung daran schuld sind. Heißer Lavendeltee wirkt schweißtreibend und fiebersenkend und lindert daher Erkältungen und Husten. Außerdem ist der Tee ein gutes Mittel gegen Kopfschmerzen. Sogar gegen Migräne soll Lavendel schon mit Erfolg eingesetzt worden sein. Zu diesem Zweck wird Lavendelöl inhaliert oder ein heißes Lavendelbad genommen (20 Tropfen Lavendelöl ins Badewasser). Lavendel ist schließlich Bestandteil der weltweit berühmt gewordenen Gewürzmischung „Kräuter der Provence“.

Aromatherapie

Der Lavendel steht am Beginn der modernen Aromatherapie – durch Zufall, denn als der französische Chemiker R. Gattefosse in seinem Labor eine schwere Verbrennung an der Hand erlitt, tauchte er sie in die erstbeste Flüssigkeit, die in der Nähe stand; es war Lavendelöl. Der Schmerz ließ nicht nur schnell nach, die Hand heilte auch ohne jede Narbe. Lavendelöl war damit als das beste Mittel gegen Verbrennungen erkannt.
Es wird – große Ausnahme in der Aromatherapie – unverdünnt verwendet, und zwar mehrmals täglich. Ein sehr gutes Mittel gegen Sonnenbrand erhält man, wenn Johannisöl mit Lavendelöl gemischt und damit die Haut leicht abgetupft wird. Lavendelöl darf daher, wie Johannisöl, in keiner Hausapotheke fehlen. Ein mit dieser Mischung getränkter Wattebausch hilft, ins Ohr gesteckt, gegen Ohrenschmerzen. Bei Kopfschmerzen und Migräne Schläfen und Stirn mit Lavendelöl einreiben! Lavendelöl wirkt auch stark antiseptisch und fördert die Heilung kleinerer Wunden.

Schönheit

In der Schönheitspflege eignet sich Lavendel für jeden Hauttyp, besonders aber für unreine Haut. Als eine besondere Wohltat erweist sich eine Kombination aus Lavendel und Kamille (als Teewaschung oder Dampfbad für das Gesicht oder als Aromaöl in Mandelöl verdünnt).

Gefühl

Dem Lavendel wird nachgesagt, auf den Solarplexus, das ist jener Punkt in unserer Magengegend, wo die Emotionen sitzen, zu wirken. Dort schützt er wie ein Filter vor übermäßigen Gefühlsbewegungen. Lavendel bringt uns ins innere Gleichgewicht, macht entscheidungsfähiger und sorgt insgesamt für mehr innere Ruhe.

Magie

Zusammen mit Rosmarin am Körper getragen, schützt Lavendel die Keuschen vor den Unkeuschen. „Elfenblatt“ sagen die Hexen zum Lavendel; er soll den bösen Blick abwehren.

Majoran (Origanum vulgare)

MAJORAN
(Origanum vulgare)

Botanik

Majoran ist ein artenreiches Mitglied der Familie der Lippenblütler (Labiatae). Er tritt in trockenen Wäldern als Wilder Majoran (Origanum vulgare) auf, ist aber kultiviert in fast allen Gärten Europas zu finden. Majoran erweist sich als ein echtes Kraut des Südens: Je mehr Sonne er bekommt, desto „inhaltsschwerer“ wird er. Die Pflanze ist ein einjähriges, bis 50 Zentimeter hohes, graugrünes Kraut mit kleinen, ganzrandigen, gegenständig angeordneten Blättern und vielen weißen oder zart rotviolett gefärbten Blüten. Die Stengel verzweigen sich nach oben. Das Kraut duftet stark würzig und enthält ein ätherisches Öl, das Majoranöl. Folgende Teile der Pflanze werden verwendet: blühende Sproßspitzen.

Mythologie

Majoran wurde angeblich von der Göttin Venus erschaffen. Das war auch der Grund, warum Majoran immer in den Kränzen der Neuvermählten zu finden war.

Majoran (Origanum vulgare)

Körperlicher Nutzen

Im antiken Griechenland wurde Majoran gegen Verdauungsbeschwerden eingesetzt, aber auch gegen Krämpfe, und um den „Geist zu stärken". In der Renaissance, als man die Antike wiederentdeckte, entwickelte sich Majoran wegen seines Duftes, und weil er vor Ansteckungen schützt, zu einer beliebten Streublume. Majoran ist ein wirksames Beruhigungsmittel, wie überhaupt eine der ältesten und vielseitigsten Heilpflanzen, darüber hinaus ein altbewährtes Gewürzmittel. Majoran ist ein starkes Mittel und wird am besten als Gewürz (Würste, Gänsebraten, Kalbfleisch usw.) und äußerlich als Aromaöl angewandt.

Aromatherapie

Majoranöl wirkt erwärmend, beruhigend und entspannend. Es eignet sich hervorragend als Zusatz zu Massageölen, um verspannte Muskeln zu behandeln. Für andere Anwendungen ist Majoran allerdings ein zu starkes Mittel.

Gefühl

Majoran wärmt und besänftigt das Herz. Er tröstet jene, die einen geliebten Menschen verloren haben, er entspannt und hilft gegen die Einsamkeit.

Petersilie (Petroselinum sativum)

Botanik

Zu den vielen Gewürzpflanzen aus der Familie der Doldengewächse (Umbelliferae) gehört auch die in vielen Spielarten (Blattpetersilie, Italienische Petersilie usw.) auftretende Petersilie. Die zweijährige, bis 40 Zentimeter hohe Pflanze ist im Mittelmeergebiet und auf den Kanarischen Inseln heimisch. Sie wird heute in ganz Europa – außer im hohen Norden – in Gärten angepflanzt.
Die Petersilie besitzt gefiederte dunkelgrüne Blätter und grünlichgelbe Blüten, die in doldigen Blütenständen vereinigt sind. Zur Fruchtzeit gehen aus den Blüten zweiteilige Spaltfrüchte hervor. Genutzt werden wegen ihres würzigen Geschmackes vor allem die Blätter, die reich an ätherischen Ölen sind und Vitamin C enthalten. Auch die fleischige, weißgelbe Pfahlwurzel wird als Würze eingesetzt. Folgende Pflanzenteile werden verwendet: die ganzen Pflanzen.

Mythologie

Vor 3.000 Jahren trug man in Griechenland Kränze aus Petersilie, um Trun-

Petersilie
(Petroselinum sativum)

kenheit vorzubeugen. Im alten Rom kam in das Essen der Gladiatoren viel Petersilie, um die Kraft und den Mut der Schaukämpfer zu steigern. Im Mittelalter gelangte die Petersilie in den Ruf, ein Hexenkraut und Liebesmittel zu sein. Aus diesem Grund hießen „Rotlichtbezirke" früher „Petersiliengassen".

Körperlicher Nutzen

Petersilie ist nicht nur eines der meistverwendeten Küchenkräuter, es hat sich auch als Heilmittel einen Namen gemacht. Botanisch ist die Petersilie eng verwandt mit Sellerie und Schierling. Man verwendet daher nur gekauften oder Gartenpetersilie, denn in der Natur sind Schierling und Wilde Petersilie kaum zu unterscheiden. Petersilie enthält viel Vitamin C und soll feingehackt, wann immer es möglich ist, verwendet werden. Petersilie wirkt darüber hinaus harntreibend und ist aus diesem Grund Bestandteil vieler Diuretika. Tee aus Petersilienblättern zeigt die gleiche Wirkung.

Wer Petersilienblätter kaut, reinigt seinen Atem – das allen jenen ins Stammbuch, die gern Knoblauch essen und hinterher unter die Leute gehen wollen.

Petersilie (Petroselinum sativum)

Aromatherapie

Petersilienöl stammt aus den Früchten und aus der Wurzel, es ist toxisch und kann schon in kleineren Dosen die Nieren reizen.

Schönheit

Petersilie ist ein erfolgreicher Helfer gegen fleckige und für helle Haut. Man gebe 60 Gramm Petersilie auf einen Liter Wasser, lasse zehn Minuten ziehen und füge den Saft einer Zitrone bei; die Flüssigkeit zum Waschen verwenden.

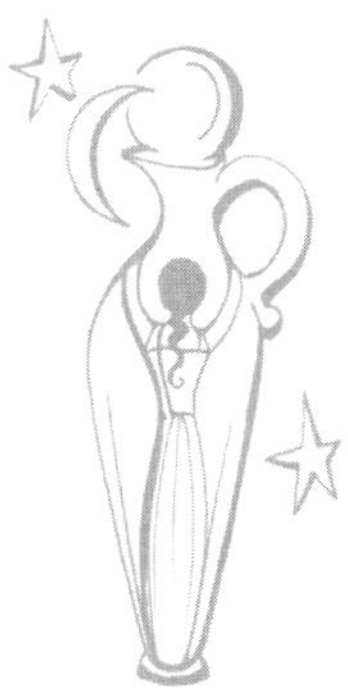

Magie

Petersilie wurde als Amulett getragen und war Bestandteil von Liebesmitteln, magischen Räucherungen und Hexensalben. Übrigens: Heilkräuter, die als Ingredienzien für Liebestränke gedacht sind, müssen mit der linken Hand gepflückt werden, weil diese dem Herzen näher ist als die rechte. Und die Ernte muß stets zu jenem Zeitpunkt erfolgen, der unter der Herrschaft des Planeten der Pflanze steht.

Notizen

Venuskräuter

VENUS, DIE GÖTTIN DER LIEBE

Venuskräuter

Astronomie

Der Planet Venus hat sich mit einer dichten Wolkenhülle lang der Erforschung seiner Oberfläche durch den Menschen entzogen. Heute weiß man, daß die Venusatmosphäre zu 97 Prozent aus Kohlendioxid besteht. Sauerstoff, Wasserdampf, Stickstoff und Edelgase kommen nur in Spuren vor. Auf der Venus herrscht ein „Treibhauseffekt" mit Oberflächentemperaturen bis 500 Grad Celsius – und zwar unabhängig von Gegend oder Seite des Planeten. Wasser in offener Form, also in Gestalt von Meeren oder Ozeanen, kann es unter solchen Bedingungen nicht geben. Daraus schließt die Wissenschaft, daß auf dem Planet der Liebesgöttin kein organisches Leben möglich ist. Die Venus braucht 243 Tage, um die Sonne einmal zu umkreisen.

Mythologie

Venus ist die römische Göttin der Liebe und seit dem Jahr 295 v. Chr. Schutzgöttin der Ewigen Stadt. In ihren Eigenschaften und Funktionen ist sie Aphrodite, der griechischen Liebesgöttin, gleichgesetzt. Besondere Förderung erfuhr der Venuskult unter Sulla, Pompeius, Caesar und Augustus. Als Mutter des Aeneas – und damit Stammutter der Römer – genoß sie große Verehrung.

Planetenkräuter

Die Venuskräuter sind die artenreichste Klasse unter den Heil- und Gebrauchskräutern. Sie gehören zum Element Wasser und regieren den Gefühlsbereich. In der Wirkung sind sie lindernd, beruhigend und reinigend. Viele traditionelle Frauenkräuter gehören in diese Gruppe.

In diesem Buch werden folgende Venuskräuter behandelt:
Apfel, Beifuß, Eisenkraut, Engelwurz, Gänseblümchen, Holunder, Minze, Rose, Schafgarbe, Schlüsselblume und Veilchen.

Botanik

Der gern auf frischen und nährstoffreichen Böden stehende Apfelbaum liebt nicht zu trockenes Klima. Er gehört weltweit zu den wichtigsten Kulturpflanzen. Seine Früchte, die Äpfel, zählen zum Kernobst. Die Heimat des Apfelbaumes läßt sich nicht mehr feststellen, vermutlich stammt er aus Zentralasien. Hauptanbaugebiete sind heutzutage Mitteleuropa, Nordamerika, Südafrika, Australien und Neuseeland. Der Apfelbaum wird wild zwischen sechs und zehn Meter hoch, im Obstbau haben sich vielfach „Winzlinge" bis höchstens drei Meter durchgesetzt. Die mehr oder weniger sperrig abstehenden Zweige tragen eiförmige, an den Rändern gekerbte bis gesägte Blätter. Die fünfzähligen, meist etwas rötlich überlaufenen, zarten Blüten werden durch Insekten bestäubt. Die Fruchtblätter entwickeln sich zum pergamentartigen Kerngehäuse, das in der fleischig-saftig verdickten Blütenachse eingebettet liegt. Die Apfelfrucht vertieft sich an beiden Enden grubenartig; in den Gruben sitzen der Stiel bzw. die vertrockneten Kelchblätter. Die Schale der Apfelfrucht ist grünlich, gelblich oder rötlich gefärbt. Die im reifen Zustand braunen Samen (Kerne) befinden sich im Inneren des Kerngehäuses. Der reife Apfel schmeckt je nach Sorte überaus unterschiedlich, er kann roh gegessen oder gekocht, gebraten oder getrocknet werden. Das Holz des Apfelbaumes eignet sich infolge seiner Härte für Tischler- und Drechslerarbeiten. Folgende Pflanzenteile werden verwendet: insbesondere die Früchte.

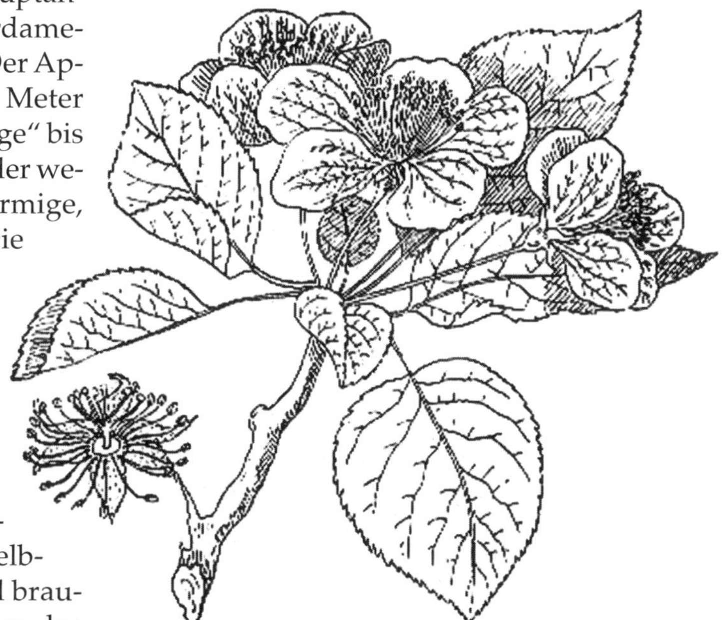

APFEL
(Malus sylvestris, Malus domestica)

Mythologie

In Volkssage, Kunst und Literatur spielt der Apfel eine große Rolle. Im Christentum ist er nicht nur das Symbol der Sünde, sondern auch Sinnbild der überwundenen Erbsünde. Der Reichsapfel symbolisierte die Macht des Herrschers. Im Märchen (z. B. Schneewittchen) spielt der Apfel eine ebenso bedeutende Rolle wie in der Literatur (siehe Schillers „Wilhelm Tell") oder in der griechischen Götterwelt (Urteil des Paris, Apfel der Hesperiden). „Über Rosen läßt sich dichten, in die Äpfel muß man beißen", heißt es in Goethes Faust. Bei Griechen und Römern, ja, selbst bei den Germanen galt der Apfel als Sinnbild der Schönheit und Fruchtbarkeit. Bereits die Römer, die seine Heilkräfte nicht genug loben konnten, verstanden sich auf die Zucht des Apfels. Ein römisches Mahl dauerte „ab ovo usque ad mala" – „vom Ei bis zum Apfel", symbolisch also von der Schöpfung bis zur Vollendung. Vom jüdischen König Herodes wird berichtet, er habe jedes Mahl nach guter römischer Sitte mit einem Apfel beendet. Auch die Heilkundige Hildegard von Bingen lobt und empfiehlt den Apfel; sie kannte aber nicht nur die Wirkung der Früchte des Baumes, sondern wußte auch um den guten Einfluß seiner Blüten und Blätter bei Augenleiden und anderen Krankheiten.

Körperlicher Nutzen

In Mitteleuropa ist der Apfel schon lang heimisch, ebenfalls schon lang bekannt ist seine heilende Wirkung, die ein altes englisches Sprichwort trefflich zum Ausdruck bringt: „An apple a day keeps the doctor away." – Frei übersetzt: Wer täglich einen Apfel ißt, verdirbt dem Arzt das Geschäft. Und die berühmte Schule von Salerno in Süditalien, die im Mittelalter als Ausbildungsstätte für Ärzte den allerbesten Ruf hatte, meinte: „Post pirum da potum, post pomum vade cacatum." Womit gemeint ist: Die Birne wirkt wassertreibend, der Apfel sorgt für den Stuhlgang.

Trotz seiner langen Geschichte ist der Apfel, der übrigens zur Familie der Rosengewächse (Rosaceae) gehört, heute mehr als Obst denn als Heilmittel bekannt. Die Frucht befreit den Körper von Giftstoffen, sie regt die Verdauung an, und ihr Saft zählt seit alters her zu den meistgebrauchten Schönheitsmitteln. Der Apfel enthält neben 85 Prozent Wasser viele Vitamine, Fruchtzucker, Enzyme – sie sind für das Gleichgewicht des Organismus unentbehrlich –, Apfelsäure, Mineralstoffe und Pektin. Letzteres quillt in wässerigem Milieu zu einer gelartigen Masse. Durch sein hohes Wasserbindungsvermögen verbessert der Apfel die Konsistenz des Stuhls. Mit geriebenen Äpfeln ha-

ben Feldärzte des Ersten Weltkriegs an Ruhr erkrankte Soldaten geheilt, als keine Medikamente mehr zu bekommen waren.
Noch immer ist der Apfel ein empfehlenswertes Mittel gegen leichte Durchfallerkrankungen bei Kindern. Ihnen sollte man mehrmals am Tag einen mitsamt der Schale geriebenen Apfel geben. Als vorteilhaft hat sich erwiesen, das Geriebene stehenzulassen, bis es leicht braun geworden ist. Beachte: Frisch gepreßter Apfelsaft bewirkt genau das Gegenteil und regt die Verdauung an.

Bach-Blütentherapie

„Crab apple" ist die Essenz für jene, die einen Drang nach Reinigung verspüren. Solche Menschen lehnen sich selbst ab und fühlen sich beschmutzt. Die Essenz gibt die Selbstachtung zurück und befreit vor übertriebener Pedanterie und Detailbesessenheit. „Crab apple" ist ein Mittel, das sich zum körperlichen und seelischen Entgiften gut eignet. Nach einer Krankheit genommen, hilft es, angesammelte Giftstoffe abzubauen.

Schönheit

Apfelsaft ist schon wegen seiner vielen Vitamine ein wahrer Schönheitstrunk. Ein guter Rat: Trinken Sie nicht den ganzen Saft, sondern reiben Sie sich mit einem Teil davon das Gesicht ein. Apfelsaft strafft das Gewebe und verschönt die Haut.

Der Herbst ist übrigens eine ideale Zeit, um mit einer Apfelkur für die Gesundheit vorzusorgen. Besorgen Sie etwa eineinhalb Kilo möglichst reife und möglichst frische Äpfel. Reiben Sie sie – ohne Kerngehäuse – auf und essen Sie zwei Tage lang nichts anderes. Gegen den Durst trinken Sie frisches Leitungswasser oder leichten ungezuckerten Kräutertee. Am dritten Tag essen Sie zusätzlich etwas leichte Normalkost. Eine Apfelkur ist das beste Mittel, den Körper richtig zu entschlacken. Sehen Sie in einer solchen Kur außerdem die Gelegenheit, sich nicht nur körperlich, sondern auch seelisch etwas Gutes zu tun. Genießen Sie diese Tage, arbeiten Sie sowenig wie möglich – und probieren Sie das eine oder andere Schönheitsrezept in diesem Buch aus.

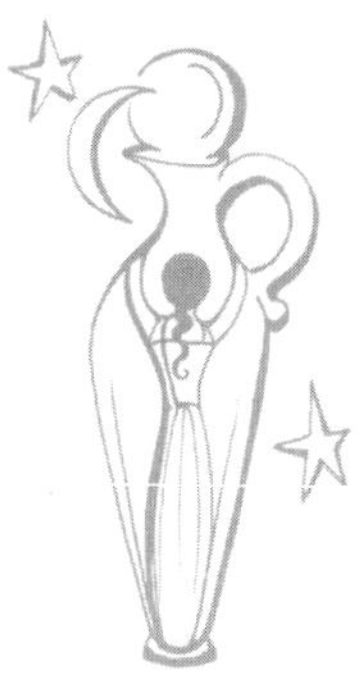

Magie

Der Apfel ist ein altes Symbol der Weisheit und des Lebens. In der keltischen Tradition war ein blühender Apfelzweig der Passierschein in die Gegenwelt, gleichzeitig die Garantiekarte für die sichere Rückkehr. Der Apfel ist mit der Göttin verbunden, weil seine Frucht den fünfzackigen Stern, das Pentagramm, zeigt, wenn sie quer durchgeschnitten wird. Roma schneiden die Frucht noch heute so auf.

Robert von Ranke-Graves weist darauf hin, daß die Geschichte mit Eva und dem Apfel eine bewußte Fehlinterpretation jener Bilder ist, die die Göttin zeigen, wie sie ihren Anbetern das Leben in Form eines Apfels reicht – mit dem Baum und der Schlange im Hintergrund. Daß der Apfel auch eine bedrohliche, der Gegenwelt zugehörige Seite hat, erzählt das Märchen vom Schneewittchen: Es stirbt, nachdem es in den (vergifteten) Apfel gebissen hat.

Botanik

Beifuß ist ein Korbblütler, der in den gemäßigten Zonen der nördlichen Erdhälfte, besonders in Frankreich, Deutschland, Italien und Rußland, aber auch in Nordamerika und Asien weite Verbreitung gefunden hat. Seine Blätter sind ein- bis zweifach gefiedert und zeigen an der Unterseite eine weißliche Behaarung. Der Wurzelstock verholzt. Im August werden das Kraut und die in Rispen angeordneten gelblichen Blüten gesammelt und getrocknet; diese Pflanzenteile enthalten ätherische Öle. Botanisch gesehen ist Beifuß ein Verwandter des Wermuts. Folgende Pflanzenteile werden verwendet: Blätter und Stengel.

BEIFUSS
(Artemisia vulgaris)

Mythologie

Der Name verweist auf die griechische Göttin Artemis. Die junge kriegerische Göttin war auch Schutzgöttin der Heilkundigen. Die Statue von Ephesos zeigt Artemis mit tausend nährenden Brüsten, die sie als Mutter aller Geschöpfe ausweisen. Den Frauen stand Artemis auch bei der Geburt bei. Daher hat dieses Kraut auch den Namen der Göttin, denn Beifuß wurde gegen Frauenleiden wie Menstruationsstörungen, Unfruchtbarkeit und Wochenbettblutungen empfohlen. Die Römer pflanzten ihn am Wegrand, denn sie glaubten, die Blätter würden – in die Sandalen gesteckt – vor Schmerzen bei langen Fußmärschen schützen. Im Angelsächsischen Raum war der Beifuß eine der neun Pflanzen, die Dagda, der Gott der Druiden, den Menschen geschenkt hat.

Körperlicher Nutzen

Beifuß ist ein beliebtes Küchenkraut. Wie Wermut enthält er Bitterstoffe, die krampflösend wirken und die Lebertätigkeit anregen. Medizinisch wird Beifuß als Aromastoff, Bitterstoff und Mittel gegen Würmer, in der Volksheilkunde auch gegen Krämpfe genutzt. Die Wurzel fand früher sogar in der Behandlung von Epilepsie, Veitstanz und Hysterie Verwendung. Beifuß gilt als ein sanftes Nervenmittel und wird heute noch zur Menstruationsregelung eingesetzt. Schwangere sollten Beifuß jedoch nicht einnehmen, er stimuliert nämlich den Uterus und kann zu Fötusfehlbildungen führen.

Gefühl

Beifuß wirkt ausgleichend und unterstützt die Wahrnehmung der Psyche. Im Gefühlsbereich wird er Menschen empfohlen, die zu Hysterie und übermäßigen Gefühlen neigen, und deren Schlaf durch heftige Träume gestört wird. Beifuß ist aber auch ein Frauenmittel, das die „Fließprozesse" des Körpers unterstützt. Beifuß, so sagt man, bringt Klarheit und innere Stärke. Trinken Sie eine Tasse, ehe Sie zu Bett gehen, und achten Sie auf Ihre Träume! Jedoch Achtung! Beifuß kann Allergien auslösen!

Magie

Im Angelsächsischen Raum zählte der Beifuß, wie schon erwähnt, zu einer der neun „heiligen" Pflanzen, die Dagda, der Gott der Druiden und Zauberer, den Menschen geschenkt hat. Wahrscheinlich brachte man deshalb den Beifuß im Mittelalter mit den Hexen in Verbindung. Er galt aber auch als ein Abwehrmittel gegen sie. Noch heute ist es auf dem Land Brauch, einen Strauß Beifuß an die Haustür oder unter den Giebel zu hängen. Er hält Blitze ab und schützt vor dem Bösen.

Beifuß galt seit Urzeiten als magisches Kraut. „Wer Beifuß im Haus hat, dem kann der Teufel nichts anhaben", weiß ein altes Sprichwort. Im Mittelalter nannte man die Pflanze „Johannisgürtel", denn der Überlieferung nach soll Johannes der Täufer einen Gürtel aus Beifuß getragen haben, als er sich in der Wildnis aufhielt. Traditionell trug man daher in der Johannisnacht (das ist der 24. Juni) einen Kranz aus Johannisblüten, den man ins Feuer warf. Das bewahrte den Träger im nächsten Jahr vor Krankheit, Gefahren und Unglück.

Eisenkraut (Verbena officinalis)

EISENKRAUT
(Verbena officinalis)

Botanik

Vom Eisenkraut – es zählt zur Familie der Verbenaceae – sind etwa 80, vorwiegend in tropischen und subtropischen Gebieten Amerikas beheimatete Arten bekannt. Neben der einzigen, für Europa bedeutenden Art – Verbena officinalis – haben sich in Europa einige als Zierpflanzen durchgesetzt. Das Heimatgebiet der Verbena officinalis ist nicht bekannt, dürfte aber in Mittelmeergebieten zu suchen sein. Die zwischen 30 und 80 Zentimeter hohe Pflanze ist heute in Europa (außer im Norden), Nordafrika, Mittel- und Nordasien in Unkrautfluren, an Wegen, Zäunen, Mauern, an Gewässerufern, auf Schutt und Weiden zu finden – und zwar in fast allen Höhenlagen.
Eisenkraut ist eine ein- bis mehrjährige Pflanze mit aufrechtem, dünn eingekerbtem Stengel und langen, dünnen Zweigen. Die unteren, am Stengel sitzenden, kleinen Blätter sind von länglicher Gestalt und am Rand gekerbt; die mittleren sind etwa sechs Zentimeter lang und dreispaltig; die oberen länglich-lanzettförmig. Die Blüten erscheinen in end- und achselständigen Ähren. Die etwa fünf Millimeter lange Blütenkrone blüht meist blaßlila, nur selten weiß. Folgende Pflanzenteile werden verwendet: ganze Pflanzen zur Blütezeit.

Eisenkraut (Verbena officinalis)

Mythologie

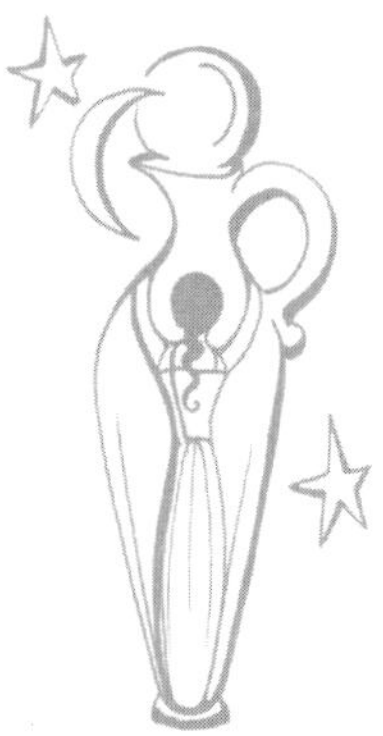

Das Eisenkraut ist eine alte, schon in der Antike bekannte Heilpflanze. Es wurde hochgeschätzt und sogar als heilig angesehen. Mit dem Eisenkraut reinigten die Römer den Opfertisch des Jupiters, und Gesandte trugen das Kraut bei sich, um ihren Verträgen mehr Gewicht zu verleihen. Eisenkraut war der Venus geweiht und galt auch als wichtiges Ingredienzium für Liebestränke. Der römische Autor Plinius meinte über das Eisenkraut: „Menschen, die sich mit ihm einreiben, bekommen alle Wünsche erfüllt und werden von ihren Krankheiten erlöst.“ Römische Bräute trugen Eisenkraut, das Kraut der Göttin der Liebe, in der Hoffnung, daß es die Liebe frisch halte. Auch bei den streitbaren Kelten und kampfeslustigen Germanen spielte Eisenkraut eine gewichtige Rolle, galt es doch als Heilkraut bei Verwundungen durch Eisenwaffen. Außerdem war es Bestandteil des „Lustralwassers“ der Druiden, eines zauberkräftigen Trankes für Rituale und Weissagungen. Eisenkraut wurde zu diesem Zweck nur nachts geerntet, wenn der Mond dunkel war. Als Wiedergutmachung für diesen „Raub“ ließ man Mutter Erde eine Honigwabe zurück. Im Mittelalter warnte man vor „der Verwendung bei Hexerei und Zauberkunst“ und verschrieb das Eisenkraut gegen die Wassersucht.

Körperlicher Nutzen

Heute verwendet man Eisenkrauttee gegen Schlaflosigkeit und Nervosität, aber auch zur Anregung von Appetit und Verdauung. Schwangere müssen Eisenkraut meiden, weil es den Uterus stimuliert. Es wird auch stillenden Müttern empfohlen, weil es die Milchproduktion anregen soll.
Eisenkraut ist schweißtreibend, es läßt sich also gegen Erkältungen anwenden. Aber Vorsicht: Das Kraut kann auch Brechreiz auslösen!
Als Salbe wirkt Eisenkraut bei Verletzungen und bei nässenden Wunden. Dazu 60 Gramm des getrockneten Krautes in Schweineschmalz köcheln; beachte die Herstellungsanleitung in der Einleitung.

Aromatherapie

In der Aromatherapie wird Eisenkraut, das einen wunderbaren, leicht zitronigen Duft verströmt, in Massageölen zum „Verwöhnen“ eingesetzt. Das Öl ist ein erfrischendes Mittel besonders für Frauen. Im emotionalen Bereich hilft es, über die Vergangenheit hinwegzukommen und den Blick für Neues, Zukünftiges freizumachen.

Bach-Blütentherapie

Eisenkraut „Vervain“ ist eine der 38 Bachblüten und wird bei Streß und Überanstrengungen verabreicht. Es ist bei Menschen angebracht, die nicht nachgeben können und die ganze Welt zu ihren Ansichten bekehren wollen. Auch für überaktive Kinder, die nicht stillsitzen wollen und nicht in der Lage sind, sich zu entspannen, ist „Vervain“ das richtige Mittel. Als Blütenmittel eingenommen, hilft das Eisenkraut, Energie richtig einzusetzen, sich zu entspannen und offen und tolerant gegenüber anderen zu sein.

Schönheit

Wer 50 Gramm frische Eisenkrautblätter – statt diesen kann man auch Efeublätter verwenden – in wenig Essig solang köchelt, bis die Flüssigkeit verdunstet ist, und aus dem Krautbrei einen warmen Beinumschlag macht, tut sich Gutes gegen Cellulite.

Gefühl

Eisenkraut ist ein Mittel gegen geistige Erschöpfung, indem es hilft, Energiereserven zu aktivieren. Es stärkt, zentriert und beruhigt Emotionen. Innerlich „zerzausten“ Menschen schenkt es Gleichgewicht und mehr Festigkeit. Menschen, die zur Herrschsucht neigen, sollten Eisenkraut jedoch nicht nehmen, es könnte ihre Natur noch verstärken.

Magie

Seine magische Heilwirkung entfaltet Eisenkraut bei Kopfleiden. Dazu legt man es unter das Kopfkissen – oder trägt es als Amulett um den Hals. Man sagt dem Eisenkraut nach, daß es Träume hervorrufe. Und früher war die Überzeugung weit verbreitet, daß es bei Kopfschmerzen reiche, die Pflanze mit Schweiß zu benetzen, um den Schmerz zu vertreiben.

Engelwurz (Angelica archangelica)

Botanik

Die in Nord- und Mitteleuropa gedeihende Engelwurz (auch: Brustwurz genannt) gehört zur Familie der Doldenblütler (Umbelliferae), die mit etwa 50 Arten auf der Nordhalbkugel verbreitet ist und bis in die Arktis vordringt. Einzelne Arten gedeihen in Neuseeland. Die Engelwurz ist ein wahrer Riese unter den Kräutern: Sie bildet kräftige und hochwüchsige (bis drei Meter hohe) Stauden mit großen gefiederten, an der Unterseite helleren Blättern auf rötlich gefärbten, kräftig verzweigten Stengeln. Der Blütenstand besteht aus großen, vielblütigen Dolden aus unscheinbaren, gelbgrünen Einzelblüten mit behaarten Strahlen. Von den in Europa vorkommenden Angelica-Arten sind zwei heilkräftig: die Wald-Brustwurz (Angelica silvestris) und die Engelwurz (Angelica archangelica). Folgende Pflanzenteile werden verwendet: die ölhaltigen Wurzelstöcke (früher Blätter und Stengel).

Mythologie

Der Name leitet sich vom lateinischen Wort „angelus“ (Engel) ab und ist ein Hinweis darauf, daß als erster ein Engel auf die heilkräftige Pflanze hingewiesen haben soll.

Körperlicher Nutzen

Engelwurz verströmt einen süßlichen Duft und ist in allen Teilen anregend, blutreinigend und schweißtreibend. Außerdem fördert sie die Durchblutung, ist also allen denen zu empfehlen, die leicht frieren. In kandierter Form ist Engelwurz ein gut schmeckendes Mittel, um die Verdauung anzuregen. Als Tee getrunken, lindert sie Erkältungen und Husten, senkt das Fieber und erleichtert das Atmen. Ihre stärkende Wirkung erstreckt sich auch auf das Nervensystem: Engelwurz läßt sich gegen Angstzustände und Erschöpfung gut einsetzen. Sie wird vielfach Athleten und auch Genesenden empfohlen, um neue Kräfte zu sammeln.

Im Mittelalter wurde Engelwurz als Mittel gegen berauschende Getränke eingesetzt. Dem gibt die Homöopathie recht: Angelica, regelmäßig als homöopathisches oder als Kräutermittel eingenommen, bewirkt eine Abneigung gegen Alkohol. Dessenungeachtet finden ihre Samen in der Herstellung bestimmter Liköre („Chartreuse“, „Benediktinerlikör“ usw.) Verwendung.

Aromatherapie

Das ätherische Öl der Wurzel wirkt antibakteriell und pilztötend. In Salben ist es ein guter Bestandteil, der Wunden leichter heilen läßt und auch bei Arthritis gute Dienste leistet. Im geistigen Bereich ist das ätherische Öl der Engelwurz gut für alle, die Angst haben, es hilft bei Schwächezuständen jeder Art. Als akute Hilfe: Einige Tropfen auf die Handfläche geben, reiben und tief einatmen.

Gefühl

Engelwurz hilft Menschen, die sich von ihrem eigenen Mittelpunkt abgeschnitten fühlen.

Magie

In der Magie wird Engelwurz zur Vertreibung böser Geister eingesetzt.

ENGELWURZ
(Angelica silvestris)

Gänseblümchen (Bellis perennis)

Botanik

Das Gänseblümchen ist eine überaus anspruchslose und unscheinbare Pflanze aus der großen Familie der Korbblütler (Compositae). Es besitzt eine grundständige Rosette aus stumpfen, an den Rändern gesägten Blättern. Der Stengel wird höchstens 15 Zentimeter hoch und entwickelt an seiner Spitze Blütenköpfchen von etwa zwei Zentimeter Durchmesser. Ein Kranz weißer, an der Spitze oft rot gefärbter Zungenblüten umgibt die gelben, röhrenförmigen Scheibenblüten. Das Gänseblümchen wächst auf Wiesen und Weiden, besonders in Parkrasen. Es bevorzugt nährstoffreiche, humose Lehm- und Sandböden und gedeiht in allen Höhenlagen (bis etwa 2.500 Meter Höhe). Folgende Pflanzenteile werden verwendet: Blätter und Blüten.

Mythologie

Einer der vielen Namen des Gänseblümchens ist „Kleines Wundkraut". Als solches wurde es schon in der Antike verwendet. Auch Culpeper spricht ihm wundheilende Eigenschaften zu und meint, es sei gut, um geronnenes Blut aufzulösen.

Körperlicher Nutzen

Das Gänseblümchen ist eine liebenswerte, kleine Blume, die heute kaum mehr von Kräuterkundigen verwendet wird. Es sei trotzdem erwähnt, weil es allgegenwärtig ist in unserem Leben.

Gänseblümchentee hilft – als Lotion verwendet – bei Hautentzündungen. Auf der geistigen Ebene ist Gänseblümchentee angebracht, wenn der Mut zum Weitermachen fehlt. Auf dem Gänseblümchen wird ständig herumgetreten, und doch steht es immer wieder auf. Es hilft, die Schläge des Lebens besser einzustekken.

Bellis perennis gibt es auch als homöopathisches Mittel, das man bei Prellungen, Stoßverletzungen und Schock einsetzt. Darüber hinaus wird es bei Hautproblemen empfohlen.

Schönheit

Gänseblümchenabsud macht schöne Haut; er hilft gegen flekkige Haut und sogar gegen kekke Sommersprossen: 60 Gramm Gänseblümchen in einem Liter Regenwasser fünf Minuten kochen, zehn Minuten ziehen lassen, die Haut damit waschen.

Gefühl

Das Gänseblümchen fördert die Klarheit und unterstützt die Konzentration. Gänseblümchen ist besonders für jene Menschen geeignet, die unter immer wiederkehrenden Problemen leiden, die Ursache dafür aber nicht kennen.

Magie

Magische Anwendungen gibt es für das Gänseblümchen meines Wissens nur eine: das Liebesorakel. Man zupft an den Blättern und sagt: „Er liebt mich, er liebt mich nicht, er liebt mich, ...“ – so bekommt man Antwort auf diese wichtige Frage (die natürlich auch von Männern gestellt werden darf: „Sie liebt mich, sie liebt mich nicht, sie ...“).

GÄNSEBLÜMCHEN
(Bellis perennis)

Holunder (Sambucus nigra)

Holunder
(Sambucus nigra)

Botanik

Holunder ist eine 25 Arten umfassende Gattung aus der Familie der Geißblattgewächse (Caprifoliaceae), die besonders auf der nördlichen Halbkugel, aber auch in Südamerika, Ostafrika, Neuguinea und in ganz Australien an Flußufern, in Auwäldern, oft aber auch in der Nähe von Siedlungen, an Zäunen und in Hecken gedeihen. Die bekannteste, in Mitteleuropa bis in eine Seehöhe von 1.500 Meter wildwachsende Art ist der Schwarze Holunder (Sambucus nigra). Die Zweige dieses bis sieben Meter hohen Strauches enthalten ein weiches, weißes Mark, das früher in der mikroskopischen Präparationstechnik verwendet wurde. Die Rinde am Stamm ist hellbraun und warzig, junge Zweige sind grün.

Der Holunder ist eine Holzpflanze (oder ausdauernde Staude). Er besitzt gegenständige, unpaarige, gefiederte Blätter und zwittrige Blüten, die in schirmförmigen Trugdolden mit meistens fünf Hauptästen angeordnet sind. Aus den stark duftenden Blüten entwickeln sich die schwarzvioletten, bis sechs Millimeter langen Früchte („Holunderbeeren"), die einen blutroten Saft enthalten.

Bei den „Beeren" handelt es sich um Steinfrüchte mit drei bis sechs Steinen. Die Blätter des Schwarzen Holunders enthalten das Alkaloid Sambucin und sind giftig. Folgende Pflanzenteile werden verwendet: Blüten und Beeren.

Mythologie

Um den Holunder ranken sich zahllose Geschichten und Legenden. Auf Grund seiner zahlreichen therapeutischen Eigenschaften trägt er die Bezeichnung „ganzer Arzneischrank". Im Volksglauben gilt Holunder als heilig oder magisch. In ihm wohnt die sogenannte „Hollermutter", der gute Geist des Bauernhofes. Sie schützt die Familie vor Bränden und Seuchen. Deshalb bringt es Unglück, den Baum zu verletzen und das Holz ins Haus zu holen. Bräuche, z. B. sich für einen ruhigen Schlaf Holunderbeeren unter das Kopfkissen zu legen, sind weit verbreitet.

Körperlicher Nutzen

In erster Linie werden die Blüten verwendet. Als heißer Tee sind sie ein wunderbares Mittel, um Erkältungen im Frühstadium zu bekämpfen. Der Holunder stimuliert den Kreislauf und wirkt schweißtreibend – so scheidet der Körper Giftstoffe besser aus, und das Fieber wird gelindert.

Holunderblüten werden darüber hinaus schon lang als Mittel gegen schwache Nerven eingesetzt. Sie vertreiben Ängste und helfen sogar bei Depressionen. Als abendlicher Tee getrunken, sorgt Holunder für guten Schlaf.

Die an Vitaminen reichen Holunderbeeren schmekken – mit Äpfeln eingekocht – vorzüglich. Holunderbeerensirup und Holunderweine eignen sich hervorragend zur Vorbeugung von Erkältungskrankheiten und sind eine wohlschmeckende Medizin.

Aber Achtung! Die Wurzel und die Rinde wirken stark abführend und dürfen niemals ohne ärztliche Anweisung verwendet werden!

Gefühl

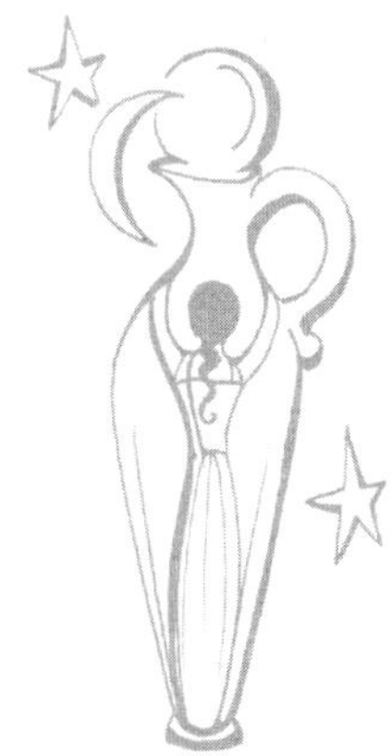

Holunder wird seit alters her mit Hexerei in Verbindung gebracht. Er ist befähigt, Blockaden zu lösen, das Herz zu öffnen, die Stimmung zu heben und die Lebensgeister zu wecken.

Magie

Einen Holunderzweig bei sich zu tragen, soll vor der Versuchung zum Ehebruch schützen.

Minze (Menta)

Botanik

Minzen nennt man eine Pflanzengattung der Lippenblütler (Labiatae), von der es – vornehmlich an feuchten und nassen Orten in gemäßigteren Breiten der nördlichen Hemisphäre – etwa 30 Arten gibt. Es handelt sich um Dauerkräuter mit ausgeprägtem Wurzelstock und vierkantigem, oftmals behaartem Stengel. Die länglichen bis rundlichen, an der Unterseite meist filzigen Blätter erscheinen stets gezähnt. Die kleinen Lippenblüten treten entweder in stockwerkartigen Quirlen in den Blattachseln oder als ährenartiger Blütenstand ohne Blätter auf. Sie besitzen gewöhnlich einen fünfzähnigen Kelch und eine hellviolette, auch weißliche oder rosa Krone. Minzen neigen zur Bastardisierung, sodaß es viele Zwischenformen gibt. Bekanntester Vertreter ist die Pfefferminze. Sie enthält ein ätherisches Öl mit Menthol als Hauptinhaltsstoff, das seit alters her verschiedenen medizinischen Zwecken dient, aber auch als Duft- und Aromastoff vielfältig eingesetzt wird. Folgende Pflanzenteile werden verwendet: Blätter und Triebe.

Mythologie

Minzen wurden im alten Ägypten als Küchenkraut angepflanzt, Griechen und Römer parfümierten sich damit, und die Juden streuten Minzenblätter auf den Fußboden der Synagogen. Hinter all dem steckte der Gedanke, daß die Pfefferminze und ihre Verwandten die Konzentration, die Inspiration und die klaren Gedanken begünstigen. In der Wirkung sind alle Arten ähnlich wie die Pfefferminze, wenn auch meist schwächer – ausgenommen die Poleiminze. Aber die sollte gemieden werden. Ihren Namen trägt die Minze nach der Nymphe „Minthe", die von der eifersüchtigen Göttin Proserpina in eine Pflanze verwandelt wurde.

Körperlicher Nutzen

Minzen werden als kühlend, aber auch als erwärmend eingesetzt. Als heißer Tee regt die Pfefferminze den Kreislauf an und ist ein gutes Mittel gegen winterliche Beschwerden. Pfefferminzöl hingegen kühlt. Pfefferminze ist – als Tee eingenommen – auch ein starkes Schmerzmittel. Sie entspannt die glatte Muskulatur, sodaß sie besonders bei Bauchschmerzen und kolikartigen Schmerzen verwendet wird. Sie hilft darüber hinaus bei Erbrechen und gegen die Reisekrankheit.

Aromatherapie

Das Öl der Pfefferminze kann gleich verwendet werden wie das Kraut. Es wirkt erfrischend und belebend, außerdem antiseptisch, antiviral und antimykotisch, sodaß es sich gut zum Gurgeln bei Hals- und Mundentzündungen eignet. Wegen dieser Wirkung – und nicht nur wegen des Geschmacks – findet die Pfefferminze in Zahnpasten Verwendung. Bei Erkältungen erweisen sich Inhalationen als besonders wohltuend; einige Tropfen Pfefferminzöl in heißes Wasser, die Dämpfe inhalieren – das Atmen wird frei und mit ihm die verstopfte Nase. Im geistig-seelischen Bereich hilft die Minze gegen Konzentrationsschwäche und erfrischt bei geistiger Müdigkeit.

Achtung! Bei Kleinkindern und Schwangeren ist vor dem Gebrauch von Pfefferminzöl zu warnen.

Gefühl

Die Minze hilft, die Energie zu zentrieren und sich der eigenen Kraft bewußt zu werden. Sie hilft Frauen, sich weniger beeinflussen und sich nicht länger als wehrloses Opfer behandeln zu lassen.

PFEFFERMINZE
(Menta piperita)

Magie

Eine Mischung aus Pfefferminze, Salbei, Weihrauch und Honig soll ein Räucherwerk ergeben, mit dem sich das Glück herbeirufen und eine Pechsträhne vertreiben lassen.

Rose (Rosa)

Botanik

Die Rose ist eine formenreiche, über 300 Arten einschließende Strauchgattung der Rosengewächse (Rosaceae), die hauptsächlich in den gemäßigten und subtropischen Gebieten der nördlichen Hemisphäre gedeihen. Die Sträucher (Kriech-, Kletter- oder Stammsträucher) sind oft mit Stacheln (Dornen) bewehrt. Die Fiederblätter zeigen eine wechselnde Anzahl von Einzelblättchen. Der am Rand zu einer Scheibe verdickte Blütenkelch mit fünf ganzrandigen oder ausgefransten Kelchblättern ist krugförmig angelegt. Zur Reifezeit wächst der Kelchbecher zu einer roten Sammelfrucht aus, die zahlreiche Nüßchen enthält.
Es gibt etwa 70 Arten von Wildrosen, fast 40 davon stammen aus Europa. Man sollte bei allen Rezepten auf sie zurückgreifen, sie sind gesünder und duftender als die hochgezüchteten Edelrosen, die man meistens chemisch behandeln muß.

Mythologie

Die Rose ist unbestritten die Königin der Blumen – und sie ist eine unverwechselbar weibliche Pflanze. Die Sage erzählt, die Rose sei aus dem Blut der Venus entstanden. Seit urdenklichen Zeiten wird sie wegen ihres Aussehens und ihres unvergleichlichen Duftes geschätzt. Die vornehmen Römerinnen benutzten das Pulver von getrockeneten Rosenknospen als Puder, und sie kauten Pastillen aus Rosenblättern und Honig für reine Zähne und frischen Atem. Die ägyptische Königin Kleopatra soll den römischen Kriegsherrn Marc Anton mit einem Regen aus Rosenblüten, der auf den Boden rieselte, betört haben.

Körperlicher Nutzen

Bis in das 20. Jahrhundert galten Rosen als Heilmittel. Die Tinktur der Essigrose wurde bei Halsschmerzen verschrieben. Ein Tee aus den Blütenblättern wirkt bei leichten entzündlichen Erkrankungen und hebt zudem noch die Stimmung. Rosen haben eine kräftigende Wirkung auf das Nervensystem. Sie beruhigen, helfen bei Schlaflosigkeit und vertreiben Reizbarkeit und Angstzustände.

Aromatherapie

Die Damaszenerrose, eine wilde Rosensorte, liefert noch heute das teuerste und beste Rosenöl; es wird in Bulgarien hergestellt. Für einen Tropfen dieses Öls braucht man etwa dreißig Blüten – oder anders gerechnet: 60.000 Rosenblüten für

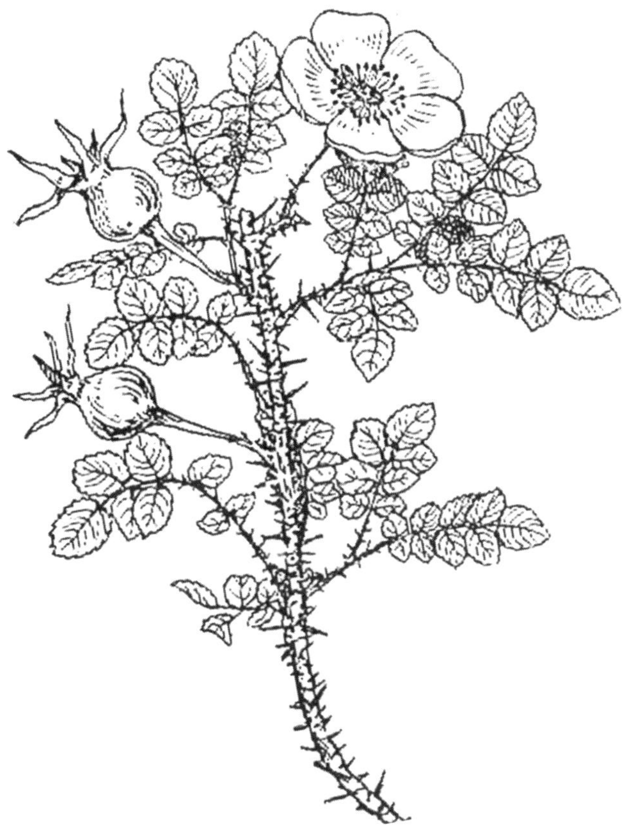

Bibernellblättrige Rose
(Rosa pimpinellifolia)

eine Unze Rosenöl. Dementsprechend teuer ist es. Trotzdem sollte man nicht auf den Preis schauen, denn Rosenöl, das in winzigen Gläsern mit einem Milliliter Inhalt angeboten wird, läßt sich mit Mandelöl unglaublich verdünnen. Ein winziger Tropfen auf zehn Milliliter Öl genügt, um eine anwendbare Rosenölbasis zu erreichen. Der reine Duft würde einem ohnehin den Atem rauben. In der Aromatherapie ist Rosenöl übrigens das Mittel mit der geringsten toxischen und der größten antiseptischen Wirkung. Seelisch ist Rosenöl für jene ein Balsam, die über den Verlust eines geliebten Menschen nicht hinwegkommen. Die Rose spendet Trost und öffnet die Sinne für neue Erfahrungen.

Bach-Blütentherapie

Die Rose hat auch in Bachs Blütentherapie ihren Platz. Die aus der Hundsrose (Rosa canina) hergestellte Essenz „Wild Rose" ist ein Mittel gegen Resignation und Apathie. Man gibt es, wenn tiefe Traurigkeit einen Menschen (oder ein Tier!) beherrscht. Es schenkt Vitalität und Humor.

Schönheit

Rosenöl wirkt leicht adstringierend und auf die Haut beruhigend. Das macht es für die Kosmetik besonders wertvoll. Rosenöl tut vor allem der reiferen Haut gut.

Gefühl

Auf die Psyche wirkt die Rose besänftigend und beruhigend, ohne aber die sedierende Wirkung von Hopfen oder Baldrian zu haben. Sie eignet sich für Menschen, denen die Liebe fehlt, und sie wirkt anregend auf die Sexualität – sagt man. Rosenduft schenkt einen tiefen und ruhigen Schlaf.

Nachtrag: Nicholas Culpeper hat bei den Rosen genau unterschieden, die rote Rose ist dem Jupiter, die Damaszenerrose der Venus und die weiße Rose dem Mond zugeordnet. Ich sehe die Sache einfacher und rechne alle Rosen der Göttin der Liebe zu.

Schafgarbe (Achillea millefolium)

Botanik

Die Schafgarbe wächst verbreitet auf fetten Wiesen und Weiden, in Rasengesellschaften und auf Äckern. Sie gedeiht in Tallagen ebenso gut wie in mittleren Höhenlagen bis etwa 1.900 Meter, ist über ganz Europa verbreitet und kommt in der gemäßigten Zone weltweit vor. Die Schafgarbe blüht von Juni bis Oktober. Die einzelnen Blütenköpfchen sind weiß bis rosa (bei Kultursorten auch rot und gelb) und bilden Körbchen mit dichten Rispen. Die wechselständigen, behaarten und doppelt gefiederten Blätter weisen jeweils über zehn Fiedern auf; der aufrechte Stengel ist beblättert. Die kräftige Pflanze aus der Familie der Korbblütler (Asteraceae) wird bis 70 Zentimeter hoch; sie wurzelt tief (bis 90 cm). Als Wurzelkriecher hat sie als Bodenfestiger Bedeutung. Folgende Pflanzenteile werden verwendet: Sproßspitzen und Blätter.

SCHAFGARBE
(Achillea millefolium)

Mythologie

Die Schafgarbe, eine Verwandte des Löwenzahns und des Gänseblümchens, ist mit Achill, dem größten Helden der Antike, verbunden. Mit ihr soll er die Wunden seiner Kameraden geheilt haben. Die Kenntnis von der Heilkraft der Pflanze verdankte der Held dem Kentauren Chiron. Eine andere Geschichte erzählt, daß Achill bei der Belagerung von Troja durch einen Pfeil tödlich verwundet wurde. Die Göttin Aphrodite (Venus) rieb ihm die Wunde mit Schafgarbe ein, um seine Schmerzen zu lindern. Ein alter Bauernspruch meint: „Gedeihen Schafgarb' und Löwenzahn, ist's um den Menschen wohlgetan."

Körperlicher Nutzen

Die wundheilenden Eigenschaften der Schafgarbe sind auch heute eine ihrer wichtigsten Anwendungen. Es ist erwiesen, daß Schafgarbe Blutungen besser zum Stillstand bringt als jede andere Pflanze. Bei Nasenbluten bewährt sie sich als ein gutes Erste-Hilfe-Mittel, indem man ein gequetschtes Blatt in das betroffene Nasenloch steckt. Schafgarbe wirkt krampflösend und ist bei Regelschmerzen sehr geeignet. Heute wird die Pflanze auch gegen Erkältungen und Grippe eingesetzt, weil sie leicht fieberdämpfend wirkt.

Aromatherapie

Schafgarbenöl ist dunkelgrün und riecht sehr stark. Es gilt als ein gutes Mittel gegen Akne. In diesem Fall legt man ein Tuch in warmes Wasser, in das man einige Tropfen des Öls gegeben hat. Es wirkt entzündungshemmend. Schafgarbenöl wird auch bei Arthritis und Gicht verwendet.
Schafgarbenessenz fördert die „intuitiven" Kräfte. Sie sorgt dafür, daß der Mensch seine Mitte findet, deshalb eignet sie sich besonders für Zeiten des Wechsels („midlife-crisis", Wechseljahre).

Schönheit

Ein Aufguß aus 50 Gramm Schafgarbe und einen Liter Wasser – zehn Minuten ziehen lassen – ergibt ein wirksames Mittel gegen zu fette Haut.

Gefühl

Im ganzheitlichen Sinn ist die Schafgarbe eine Pflanze, die vor negativen äußeren Einflüssen schützt. Sie hilft jenen, die sich leicht beeinflussen lassen, Grenzen zu ziehen und verhindert so das „Ausgeblutet-Werden".
Die Schafgarbe ist eine wirkliche Heilpflanze, die man in der Kräuterküche nicht oder in nur sehr geringen Mengen verwendet. In der Küche eignet sie sich „nur" zum Würzen der Suppe und feingehackt als Beigabe zu Salaten.

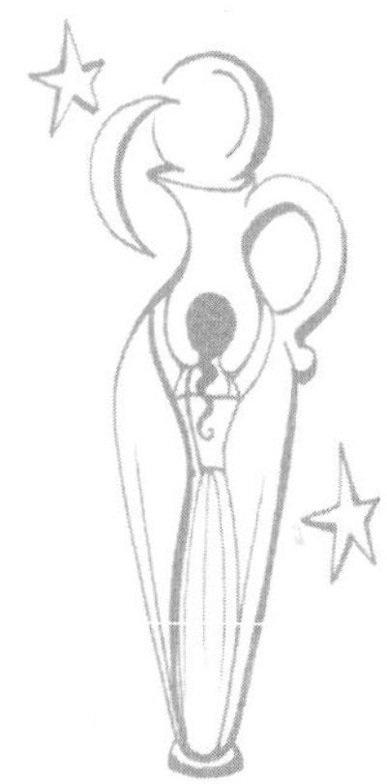

Magie

Als Heilkraut war die Schafgarbe stets mit allerlei Aberglaube umgeben. So schützt sie angeblich vor bösen Einflüssen, wenn man sie als Amulett bei sich trägt. Da sie auch ein Venuskraut ist, fand (und findet) sie als Liebeszauber Verwendung. In China haben Schafgarbenstengel traditionellerweise in den rituellen Prophezeiungen des I Ging ihren Platz.

Schlüsselblume (Primula veris)

Botanik

Die Primelgewächse (Primulaceae) bilden eine Zweikeimblättlerfamilie, die an sonnigen, gern geschützten Stellen in nördlichen außertropischen Gebieten verbreitet ist; an die 800, meist krautige Arten sind bekannt. Die weitaus größte Artenzahl entfällt auf die vorzugsweise in den Gebirgen vorkommenden Primeln. Ein heimischer Frühblüher ist die unter Naturschutz stehende Wohlriechende Schlüsselblume (Primula veris). Die samtigen Primelgewächse werden bis 20 Zentimeter hoch; sie zeigen einfache, aber verschieden angeordnete, gestielte Blätter in dichter grundständiger Rosette. Die regelmäßigen zwittrigen Röhrenblüten bilden auf langen Stengeln doldige Kelche mit sattgelber Krone. Primelgewächse haben wegen ihrer Farbenpracht als Zierpflanzen längst Eingang in Gärten gefunden. Folgende Pflanzenteile werden verwendet: Blüten, Blätter und Wurzel.

Mythologie

Ihren Namen verdankt die Pflanze der Göttin Freyja. Man glaubte, sie sei der Schlüssel zu Freyjas Palast, in dem unermeßliche Schätze vermutet wurden. Später vereinnahmte das Christentum die Blume, und sie erhielt den Beinamen „Himmelschlüssel" oder

Schlüsselblume
(Primula veris)

„Marienschlüssel". Diese hübsche Blume, deren Auftauchen nach dem Winter immer Freude hervorruft, wurde in früheren Zeiten in enormen Mengen verwendet. Man machte aus ihr Wein, Sirup, Essig, Stärkungsmittel, man legte sie ein, verwendete sie in Kuchen, Cremen und Nachspeisen.

Körperlicher Nutzen

Schlüsselblumen sind gut für die Nerven und stehen im Ruf, „stimmungshebend" zu sein. Früher wurden sie auch bei Reizbarkeit und Hysterie eingesetzt. Schlüsselblumentee ist schweißtreibend und speziell für Kinder und ältere Leute ein gutes Mittel gegen Erkältung. Er beruhigt den Husten und schenkt guten Schlaf. Ein altes Hausrezept empfiehlt Schlüsselblumenaufguß gegen Masern.

Aromatherapie

Das Schlüsselblumenöl ist einigermaßen schwer zu bekommen. Es hilft bei Schlaflosigkeit (ein paar Tropfen ins Badewasser) und ist ein gutes Mittel gegen Nervenschmerzen. Dazu wird es meist mit Mandelöl vermischt (10 Tropfen auf 25 ml) und einmassiert. Mit dieser

Mischung soll man bei Migräne die Schläfen einreiben.

Schönheit

Lange Zeit fehlte die Schlüsselblume in Schönheitsrezepten nicht. Flecken, Falten und Sonnenbrand waren ihr Revier. Eine Salbe aus Schlüsselblumen wirkt nachhaltig gegen Hautunreinheiten und hilft bei Sonnenbrand.

Gefühl

Als ganzheitliches Mittel lindert die Schlüsselblume den Trennungsschmerz. Sie hilft bei Winterdepressionen und ist gut für Menschen, die unrealistische Vorstellungen von der Liebe haben. Sie ist auch ein Heilmittel für unverarbeitete Emotionen.

Magie

In England waren die „Tootsies" – Bälle aus Schlüsselblumenblüten, mit denen man Liebesorakel spielte – überaus beliebt. Ebenfalls aus dem angelsächsischen Raum stammt der folgende Liebeszauber: Man sammelt Schlüsselblumen, auf denen noch der Tau liegt; gibt alles in Regenwasser und stellt es einen Tag lang in die Sonne; mit diesem Wasser besprenkle das Kopfkissen – und dann glaube fest daran: Innerhalb eines Monats schmilzt sein Herz.

Veilchen (Viola odorata)

Botanik

Veilchengewächse (Violaceae) sind eine ursprünglich im Mittelmeerraum beheimatete, inzwischen weltweit verbreitete, 850 Arten zählende Zweikeimblättlerfamilie. Die meisten davon sind bis zehn Zentimeter hohe Kräuter mit bewurzelten Ausläufern und wechselständigen, herzförmigen und langgestielten Blättern und Nebenblättern. Die zwittrigen, durch Insekten bestäubten, unregelmäßig gebauten, gespornten Blüten haben fünf Kronblätter, von denen zwei nach oben weisen. Sie zeigen einen oberständigen einfächrigen Fruchtknoten, der sich zu einer vielsamigen Kapsel entwickelt. Die namenspendenden Veilchen bilden mit 450 schwierig zu unterscheidenden Arten die umfangreichste Gattung. Die einheimischen Formen blühen violett und dunkelviolett. Folgende Pflanzenteile werden verwendet: Wurzel und Blüten.

Mythologie

Das auf uns so bescheiden wirkende Veilchen wurde in der Antike als heilig verehrt. Es war Pan geweiht, dem mächtigen Gott der Lebenskraft. Sein Name ist mit Io, einer der Geliebten des Gottes Zeus, verbunden. Noch heute nennen die Griechen das Veilchen „Io“. Hippokrates pries die kleine Blume als Mittel gegen Kopfschmerzen, Melancholie und Sehstörungen.

Körperlicher Nutzen

Veilchensirup gilt als gutes Hustenmittel für Kinder. Das Veilchen senkt das Fieber und ist als Aufguß bei Halsschmerzen und Zahnfleischproblemen durchaus zu empfehlen.

Gefühl

Veilchenaufguß oder Veilchenessenz eignet sich gut für zarte, sensible Menschen, die nervös und schüchtern sind. Er hilft, Vertrauen zu gewinnen und sich – ohne Angst um die eigene Identität – einer Gruppe anzuschließen.

Magie

Veilchen fanden sich im mittelalterlichen Klostergarten, um – wie nachzulesen ist – die Geistlichkeit vor dem Bösen zu schützen. In der Antike band man sich Kränze von Veilchen um den Kopf. Sie übertönten nicht nur den Geruch des Alkohols, sondern schützten auch vor Trunkenheit.

Veilchen
(Viola odorata)

Notizen

Mondkräuter

LUNA, DIE GÖTTIN DES MONDES

Mondkräuter

Astronomie

Der Mond ist der einzige (natürliche) Trabant der Erde. Sein Durchmesser beträgt ein Viertel des Erddurchmessers (3.476 Kilometer), seine Masse entspricht 1/81 der Erdmasse. Die Entstehungsgeschichte des Mondes ist ungeklärt. Größe und Masse lassen aber darauf schließen, daß er etwa gleich alt wie die Erde (4,6 Milliarden Jahre), aber kein Abkömmling der Erde ist, sondern selbständig entstand und später von der Erde eingefangen wurde. Die mittlere Entfernung des Mondes von der Erde mißt 384.400 Kilometer. Bei einer mittleren Bahngeschwindigkeit von einem Kilometer pro Sekunde braucht der Mond für einen Umlauf um die Erde 27 Tage, sieben Stunden, 43 Minuten und 11,5 Sekunden. Da die Umlaufperiode identisch ist mit der Rotationsperiode, kann von der Erde aus stets nur dieselbe Mondhälfte gesehen werden. Dem Menschen zeigt er sich in Phasen – als Sichel, die zu- und abnimmt, als Vollmond und als dunkler Mond. Die Phasen rühren daher, daß Teile der beschienenen Oberfläche der Erde zugewandt sind. Der stete Wechsel führte die Erdenbewohner früh zu Mutmaßungen, förderte Kulte und Aberglauben. Die Oberflächentemperaturen erreichen am „Mondtag" heiße 120 Grad Celsius, in der „Mondnacht" frostige 150 Kältegrade. Dem Mond fehlt eine Atmosphäre und damit freies Wasser an der Oberfläche. Den ersten handfesten Gruß von der Erde erhielt der Mond am 13. September 1959, als die sowjetische Sonde „Luna 2" auf dem Mond einschlug. Am 21. Juli 1969 betraten die Amerikaner Neil Armstrong und Edwin Aldrin als erste Menschen den Mond.

Mythologie

In alten Zeiten war der Mond für das Leben der Menschen ungleich wichtiger als heute. Sie richteten den Jahreslauf nach dem Mondkalender, weshalb ihr Jahr 12 oder 13 Monate zählte, die jeweils 28 Tage dauerten – solang, wie der Mond eben braucht, um seinen Zyklus zu vollenden. Schon sehr früh fiel den Menschen der Zusammenhang zwischen dem Wechsel des Mondes und dem weiblichen Zyklus auf. So ist es ganz verständlich, daß der Mond immer mit dem Weiblichen, auch mit der weiblichen Gottheit in Verbindung gebracht wurde. Viele Naturvölker verehren den Mond mehr als die Sonne. Im Altgriechischen bedeutet „menos" sowohl „Mond" als auch „Macht". Mutter Mond ist in fast jeder Sprache weiblich – ihre Bedeutung für die Religion und die Kulturen aufzuzeigen, würde Bücher füllen. Das Wort für Mond ist dem für das englische „mind" (Seele, Verstand) verwandt. Mondsüchtig war gleichbedeutend mit „von

der Göttin erwählt". Die uns bekanntesten Mondgöttinnen sind: Diana, die jungfräuliche römische Göttin der Jagd, und Selene (röm. Luna), die Frau des Helios, der Sonne. Selene war auch die Göttin der Zauberei und wurde später mit Hekate gleichgesetzt. Den Mond in den Alltag einzubeziehen ist keine moderne Erfindung. Für schottische Mädchen zum Beispiel wäre undenkbar gewesen, an einem anderen als dem Vollmondtag zu heiraten. Bis in die Renaissance tauchte der Mond in Magie und Glauben der Frauen auf. Es hieß, wenn eine Frau etwas wolle, solle sie nicht zu Gott, sondern zum Mond beten. Die Mondgöttin galt in vielen Kulturen als Schöpferin, aber auch als eine Göttin, die Zerstörung und Tod bringt. „Hexen" riefen ihre Göttin durch das „Herunterziehen des Mondes" an, ein uralter Ritus, vor dessen Kraft noch der heilige Augustinus und andere Kirchenväter Angst hatten.

Planetenkräuter

Dem Mond werden viele giftige Kräuter – das heißt, Kräuter, die für den Gebrauch durch den Laien zu stark wirken – zugezählt. Dazu gehören das Bilsenkraut, der Stechapfel, das Schöllkraut, der Efeu, die Tollkirsche und der Mohn – allesamt Narkotika, die die Funktionen des Körpers soweit herabsetzen können, daß er nicht mehr funktioniert. Mondkräuter sind weit weniger zahlreich als die Pflanzen der Sonne.

In diesem Buch werden folgende Mondkräuter behandelt:
Kresse, Kapuzinerkresse, Kohl, Linde, Schlafmohn, Klatschmohn und Schwarzer Rettich.

Kresse (Nasturtium officinale)

Botanik

Kresse ist eine über die ganze Welt verbreitete, etwa 130 Arten zählende Gattung aus der Familie der Kreuzblütler (Cruciferae). Es handelt sich um einjährige, nahe einem Wasser stehende, 10 bis 70 Zentimeter hohe Kräuter oder Stauden mit rundlichen, dunkelgrünen Blättern. Die kleinen, in Trauben zusammenstehenden, gelblichweißen oder rötlich gefärbten Blüten sitzen auf dem liegenden bzw. kriechenden Stengel. Der Fruchtknoten enthält zwei Samenanlagen und entwickelt sich zu einer kleinen Schote. Folgende Pflanzenteile werden verwendet: die ganzen Pflanzen ohne Wurzeln.

Mythologie

Die Kresse gehört zu den Heilpflanzen, die bereits in der Antike angewendet wurden. Ihre Samen wurden sogar in Pharaonengräbern gefunden. Der antike Arzt Hippokrates verschrieb die Brunnenkresse als „auswurfförderndes Mittel“.

Körperlicher Nutzen

Kresse ist auf Grund ihres hohen Gehaltes an Vitamin A, C und E ein gutes Mittel gegen die Frühjahrsmü-

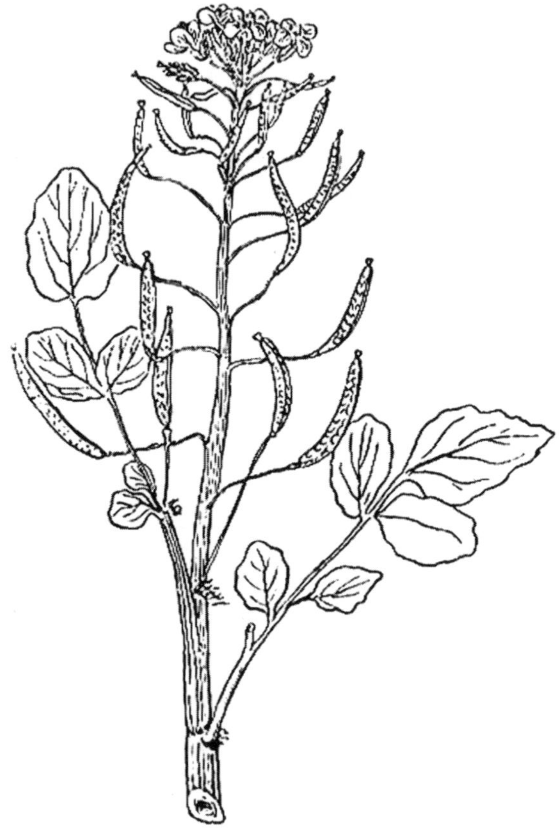

KRESSE
(Nasturtium officinale)

digkeit, darüber hinaus kann sie gegen Husten und Bronchitis eingesetzt werden. Ihre anregende Wirkung macht sie auch für Genesende interessant. Sie regt die Verdauung an und entwässert, hilft somit dem Körper, giftige Stoffwechselprodukte auszuscheiden.

Kapuzinerkresse

Botanik

Die Kapuzinerkresse ist eine 80 Arten zählende Gattung aus der Familie der Kapuzinerkressengewächse (Tropaeolaceae), die in Südamerika heimisch sind und als Zierpflanzen einen Siegeszug rund um die Welt angetreten haben. Kapuzinerkressen sind einjährige kletternde Kräuter mit langgestielten, herzförmigen bis runden roten, gelben oder orangefarbenen Blüten auf langen, ungeteilten, schirmförmigen Blättern, die Wasser ausscheiden können. Nach feuchtwarmen Nächten hängen an den Blatträndern Wassertropfen, die von den Drüsen der Pflanze ausgepreßt wurden. Kapuzinerkresse gibt sich mit kargem Boden zufrieden. Im Garten ist sie vielfältig einsetzbar, allerdings recht empfindlich gegenüber Schädlingen. Folgende Pflanzenteile werden verwendet: Blätter und Blüten.

Mythologie

Über die Kapuzinerkresse erzählt die Legende, daß sie aus dem Blut der trojanischen Krieger entstanden sei – vielleicht, weil das Blatt an einen runden Schild und die Blüte an einen Kriegerhelm erinnern. In Peru, der Heimat der Kapuzinerkresse, wurden die frischen Blätter, die viel Vitamin C enthalten, zur Behandlung infizierter Wunden verwendet. Die spanischen Eroberer brachten die Kapuzinerkresse nach Europa, wo

Kapuzinerkresse
(Tropaeolum majus)

sie im 16. und 17. Jahrhundert als Schatz betrachtet wurde – man hatte nämlich bald ihre Wirkung bei Skorbut erkannt.

Körperlicher Nutzen

Das in der Kapuzinerkresse enthaltene Glucotropaeolin – ein Glykosid, das mit Wasser eine antibiotische Schwefelverbindung abspaltet, die vom Körper gut resorbiert wird – sorgt dafür, daß die Kapuzinerkresse bei Infektionen der Atemwege und bei Harnwegsentzündungen gute Dienste leistet. Sie hat einen etwas scharfen, aber frischen Geschmack und wird von Menschen mit empfindlichem Magen nicht gut vertragen.
Verwenden Sie die Blüten der Kapuzinerkresse im Salat, das ist nicht nur gesund, es gibt ihm auch ein hübsches Aussehen. Man sagt, die Kapuzinerkresse soll die Bildung roter Blutkörperchen anregen. Kapuzinerkresse ist ein natürliches Antibiotikum.

Schönheit

Wegen ihrer anregenden und stärkenden Wirkung stand Kapuzinerkresse in früheren Zeiten als Verjüngungsmittel und Aphrodisiakum in hohem Ansehen.

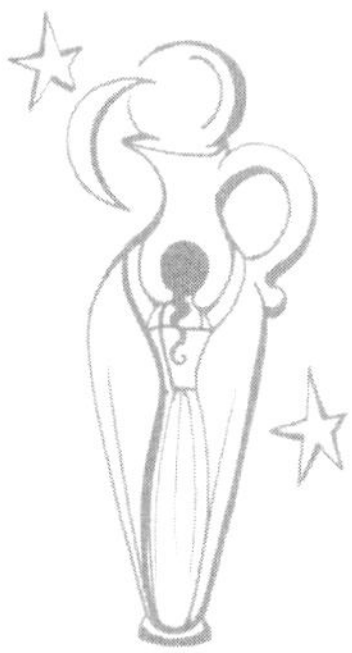

Gefühl

In der Symbolsprache der Blumen steht die Kapuzinerkresse für Patriotismus. Auf der emotionalen Ebene eignet sie sich für Menschen, die sich ausgelaugt und kraftlos fühlen. Auch im Gefühlsbereich wirkt sie belebend, erfrischend, wärmend und verjüngend.

Magie

Die Kapuzinerkresse genießt den Ruf, daß eine Tinktur aus ihren Blättern, auf eine Glatze aufgetragen, die Haare wieder sprießen läßt.

Kohl (Brassica oleracea)

Botanik

Kohl ist eine überaus formenreiche Kulturpflanze aus der Familie der Kreuzblütler (Cruciferae). Aus ihrer ursprünglichen Heimat (Mittelmeerländer, Westeuropa) hat sie sich mittlerweile über die ganze Welt verbreitet. Die bekanntesten Sorten sind Weißkraut (Weißkohl), Rotkraut (Rotkohl), Kohlrabi, Wirsing, Sprossenkohl (Rosenkohl), Karfiol (Blumenkohl). Sie finden in der Küche als Kochgemüse oder – kleingeschnitten und dank der Milchsäuregärung – als Sauerkraut (Sauerkohl) Verwendung; manche Sorten werden auch roh verzehrt. Mittelschwere, humusreiche Lehmböden gelten als „kohlfreundlich". Zahlreiche Schädlinge bedrohen den Anbau der krautigen Köpfe. Folgende Pflanzenteile werden verwendet: die krautigen Blätter.

Mythologie

Im Altertum nannte man den Kohl den „Arzt der Armen". Damals wurde er fast nur als Heilmittel angewandt. Heutzutage hat sogar die Küche auf ihn fast vergessen. Als „Arme-Leute-Speise" fristete er lange Zeit ein diffamiertes Dasein. Dabei ist er ein sehr gutes Wintergemüse, das als Suppe richtig einheizt.

Kohl
(Brassica oleracea)

Körperlicher Nutzen

Kohlblätter sind ein gutes Mittel gegen Vitamin-C-Mangel, und sein Schwefelgehalt macht Kohl zum wahren Entgiftungskünstler. Äußerlich als Kompresse verwendet, ist der Kohl ein Heilmittel für die Haut. Warm aufgelegt – entweder blanchiert oder mit dem Bügeleisen gewärmt – hilft er bei schmerzenden Gelenken.

Schönheit

Bei schlechter Haut und Akne empfiehlt es sich, Kohl innerlich und äußerlich zugleich anzuwenden. Vom Tee (2 Blätter auf 1 l Wasser) trinkt man mindestens drei Tassen täglich. Für eine Kompresse legt man gequetschte Kohlblätter aufs Gesicht und läßt sie eine Viertelstunde einwirken; anschließend mit lauwarmem Wasser gründlich abwaschen und das Gesicht mit Rosenwasser abtupfen; nur eine fettfreie Hautcreme verwenden.

Linde (Tilia europaea)

Botanik

Die Linde ist eine uralte Laubholzgattung der Lindengewächse (Tiliaceae), von denen in den gemäßigten und subtropischen Gebieten der Nordhalbkugel etwa 25 Arten gedeihen. Es handelt sich bei ihnen meist um Bäume (bis 25 m hoch) mit herzförmigen, oft gezähnten, wechselständigen, je nach Art kleinen bis breiten, an den Rändern leicht gezahnten Blättern. Die unscheinbaren, weißen, süßlich duftenden Blüten bilden kleine Dolden und werden von Insekten bestäubt. Sie besitzen zahlreiche Staubgefäße und einen mehrfächrigen Fruchtknoten, der sich zu einer einsamigen Schließfrucht entwickelt. Die Trugdolden sind mit einem bleichen, zungenförmigen Hochblatt verwachsen, das dem Fruchtstand als Flugorgan dient. In Mitteleuropa sind nur die Winterlinde, die Sommerlinde und deren Bastarde beheimatet; die Sommerlinde blüht früher und zeigt größere, an der Unterseite weißfilzige Blätter. Folgende Pflanzenteile werden verwendet: Blüten, Blätter und Rinde.

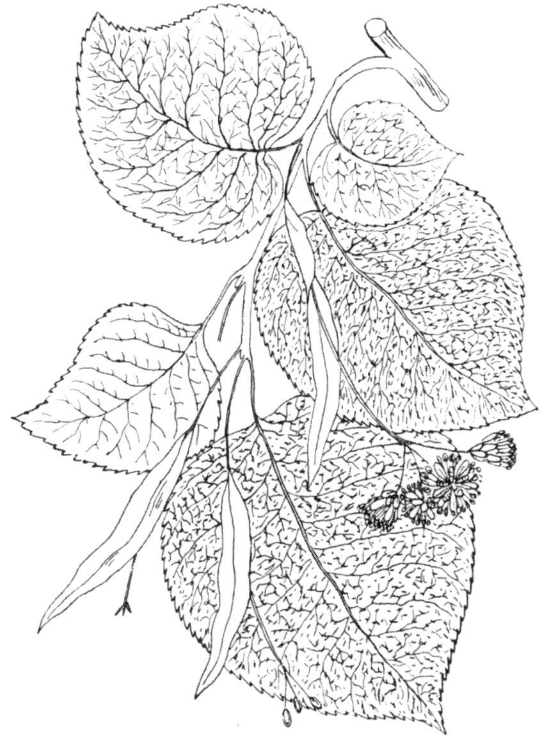

LINDE
(Tilia platyphyllos)

Mythologie

Bei den Germanen war die Linde Freyja, der Göttin der Fruchtbarkeit, geweiht. Der Baum ist ein altes Symbol für weibliche Schönheit, Fruchtbarkeit und eheliche Liebe. Es ist kein Zufall, daß es ausgerechnet ein Lindenblatt war, das den unbesiegbaren Siegfried verwundbar gemacht hat. Als Baum der Liebe spielt die Linde in Brauch und Sage eine große Rolle. Viele Ortsnamen und Volkslieder zeugen davon.

Körperlicher Nutzen

Lindenblüten werden im erblühten Zustand geerntet und getrocknet – die Blätter nicht! Die Blüten sind ein ausgezeichnetes und gut schmeckendes Mittel gegen Ängste und Schlafstörungen. Man verwendet sie in erster Linie – wie Holunderblüten – bei Erkältungskrankheiten zur Anregung des Immunsystems und zum Schwitzen. Lindenblütentee tut den Nerven gut und wird in Frankreich hyperaktiven Kindern empfohlen.

Aromatherapie

Das duftende Öl der Blüten hat die gleiche entspannende Wirkung wie das Kräutermittel. Man kann es gut in Massageölen verwenden oder gegen Streß ins Badewasser geben.

Gefühl

Die Lindenblüte gilt als Heilmittel des Herzens. Sie ist ein gutes Mittel für Menschen, die sich schwer damit tun, Gefühle zu zeigen oder Gefühle anderer anzunehmen. Die Lindenblüte hilft, emotionale Blockaden zu beseitigen, sie fördert Wärme und Offenheit.

Magie

Hildegard von Bingen soll sich vor der Pest mit einem Ring geschützt haben, der einige in Spinnweben eingewickelte Lindenblüten enthielt.
Achtung! Lindenblüten haben, besonders wenn sie lang gelagert wurden, eine fast narkotisierende Wirkung. Deshalb niemals einen starken Tee zubereiten und keinen Lindenblütentee trinken, wenn man noch mit dem Auto fahren muß. Ansonsten kann einem nichts geschehen – außer, daß man einschläft.

Schlafmohn (Papaver somniferum)

Botanik

Schlafmohn führe ich als eines jener Mondkräuter an, die nicht für den Gebrauch durch den Laien bestimmt sind. Schlafmohn ist der wichtigste Vertreter der an die 700 Arten umfassenden Mohngewächse (Papaveraceae). Es handelt sich meist um Kräuter, von denen viele einen Milchsaft führen. Die Frucht stellt normalerweise eine Kapsel dar; die Samen besitzen ein ölhaltiges Nährgewebe. Der eingetrocknete, bräunliche Milchsaft des Schlafmohns, als Opium bekannt, enthält mehrere schmerzlindernde Alkaloide (Morphin, Kodein, Narkotin).

Mythologie

Einst soll der Mohn der Ackergöttin Demeter, als diese aus Kummer über den Raub ihrer Tochter Persephone nicht mehr schlafen konnte, geholfen haben. Aber Zeus erlaubte dem Mädchen, das Hades, der Gott der Unterwelt, geraubt hatte, einige Zeit im Jahr auf der Erde bei ihrer Mutter zu verbringen. Da ließ die Göttin des Ackerbaus den Mohn in den Getreidefeldern blühen. Seither gilt

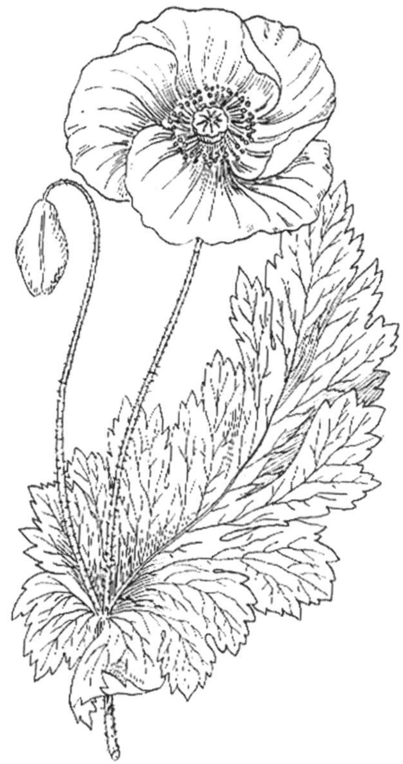

SCHLAFMOHN
(Papaver somniferum)

der Mohn als Symbol für Träume und die Erneuerung des Lebens.

Körperlicher Nutzen

Kaum eine andere Pflanze wurde in der Heilkunde so breit eingesetzt wie der Mohn beziehungsweise das aus ihm gewonnene Opium. Es tritt in seiner rohen Form aus der verletzten unreifen Samenkapsel aus. Opium und sein Alkaloid Morphium spielen noch heute eine wichtige Rolle als Schmerzmittel. Schlafmohn ist eines der vielen Mondkräuter, die ungeeignet zur Verwendung sind, weil er schnell süchtig macht und töten kann.

Klatschmohn (Papaver rhoeas)

Botanik

Klatschmohn ist der freundliche Bruder des Schlafmohns. Seine knallroten Blüten finden sich in Getreidefeldern und auf Wiesen. Klatschmohn ist ein bekanntes, fast überall in Europa vorkommendes, einjähriges Ackerunkraut. Der bis 80 Zentimeter hohe, aufrechte und haarige Stengel trägt behaarte, einfach oder doppelt gefiederte Blätter. Die frischroten Blüten aus vier zerknitterten Kronblättern haben einen schwarzen Fleck am Grund. Klatschmohn verströmt einen schwachen unangenehmen Geruch. Folgende Pflanzenteile werden verwendet: die Kronblätter.

Körperlicher Nutzen

Klatschmohn hat – wie sein oben vorgestellter Verwandter – schlaffördernde Eigenschaften, aber er macht weder süchtig, noch tötet er. Seine Blätter wurden früher als Salat gegessen. Die Blüten wirken schweißtreibend, schlaffördernd, beruhigend und sogar schmerzlindernd. Die Samen werden gern als Zutat zu Brot und als Füllung für Mehlspeisen verwendet.

Schwarzer Rettich (Raphanus niger)

Botanik

Mit Rettich (in Süddeutschland und Österreich: Radi) bezeichnet man eine uralte, in Vorderasien heimische Kulturpflanze aus der Familie der Kreuzblütler (Cruciferae). Er ist eine ein- bis zweijährige Pflanze mit rübenförmig verdickter Wurzel. Die bis über einen Meter hohen Stengel sind mit gefiederten Blättern besetzt. Aus den weiß oder violett gefärbten Blüten entwickeln sich kurze Schoten. Folgende Pflanzenteile werden verwendet: Wurzel und Samen.

Mythologie

Der Rettich ist eine so alte und bei uns so gebräuchliche Gemüsepflanze, daß man ganz vergessen könnte, daß er auch immer eine Heilpflanze war. In Ägypten gehörte er, wie Herodot berichtet, mit Knoblauch und Zwiebel zur Nahrung der Pyramidenarbeiter.

Körperlicher Nutzen

Die Rüben des Rettichs werden entweder roh gegessen oder in Essig und Öl angemacht. Die Bayern lieben den Radi; sie essen ihn besonders gern zu einer Maß. Rettich als Gemüse möglichst nicht salzen, dann ist er bekömmlicher. Schon in der Antike und dann

SCHWARZER RETTICH
(Raphanus niger)

Schwarzer Rettich (Raphanus niger)

im Mittelalter wurde Rettich gegen Leber- und Darmerkrankungen eingesetzt und auch gegen verschiedene Infektionskrankheiten empfohlen. Rettich regt den Appetit an und ist harntreibend. Rettichwasser soll ein gutes Mittel gegen Nierensteine sein. Dazu Rettich in Wasser kochen und diese Flüssigkeit morgens auf nüchternen Magen trinken. Menschen mit empfindlichem Magen sollen Rettich meiden, weil die in ihm enthaltenen Senföle die Magen- und Darmschleimhaut reizen.
Ein altes Mittel gegen Husten ist, einen Schwarzen Rettich halb auszuhöhlen und mit Kandiszucker zu füllen. Über Nacht stehen lassen und die sich absetzende Flüssigkeit teelöffelweise über den Tag verteilt einnehmen. Meerrettich ist – mit Apfelessig und Honig vermischt – ein starkes Belebungsmittel für den Kreislauf. Eine Breipackung aus Meerrettich ist ein äußerliches Rheumamittel, das die Durchblutung anregt.

Magie

Rettichsamen mit Asche gemischt und auf die Glatze aufgetragen, soll – wenn man nur fest genug daran glaubt – dem Haupt die natürliche Zierde wieder geben. Da wird man allerdings die Frage stellen müssen, ob eine Glatze nicht auch eines Hauptes natürliche Zierde sein kann.

Marskräuter

MARS, DER GOTT DES KRIEGES

Marskräuter

Astronomie

Der Planet Mars steht unter den Planeten an vierter Stelle zur Sonne. Er besitzt die drittgrößte Masse und ist im Mittel 228 Kilometer von der Sonne entfernt. Er hat einen Durchmesser von 6.800 Kilometer und dreht sich in etwas mehr als 24,5 Stunden um die eigene Achse. Zwei Trabanten, Phobos und Deimos, begleiten ihn. Der „rote“ Planet hat eine von Kratern übersäte, wüstenähnliche Oberfläche, er besitzt eine dünne Atmosphäre, die zu 98 Prozent aus Kohlendioxid mit geringen Spuren von Wasserdampf und Sauerstoff besteht. Die Temperaturen betragen am Marsäquator untertags 20 Grad Celsius, in der Nacht minus 70 Grad, an den eisbedeckten Polen kann die Temperatur auf minus 120 Grad absinken.

Mythologie

Der Planet Mars hat, neben dem Mond, die Phantasie der Menschen am meisten angeregt. Man dachte sich ihn bewohnt und hatte Angst vor einer Invasion der „Marsmänner“. Man erinnere sich nur an die Hysterie, die H. G. Wells' „Der Krieg der Welten“ ausgelöst hat. In der römischen Mythologie war Mars, der Kriegsgott, nach Jupiter die höchste Gottheit. Romulus und Remus, die Gründer Roms, sollen seine Söhne gewesen sein. Ihm war der Wolf heilig. Seine großen Feste feierte man im März, wenn die Kriegszüge begannen, und im Oktober, wenn diese zu Ende gingen. Mars galt zugleich als Gott der Landwirtschaft, der Unheil erzeugte, das Vieh und die Ernten aber auch schützte und für gutes Gedeihen sorgte.

Planetenkräuter

Der feurige Mars regiert das Reich der Vorstellungskraft und das aufbrausende Temperament. Organisch ist ihm die Gallenblase zugeordnet. Von den Marskräutern sagt man, sie trocknen aus und entgiften, reinigen das Blut und stimulieren die Körperfunktionen.

In diesem Buch werden folgende Marskräuter behandelt:
Basilikum, Brennessel, Brombeere, Hopfen, Knoblauch, Senf, Weißdorn, Wermut und Zwiebel.

Basilikum (Octimum basilicum)

Botanik

Basilikum, die Pflanze, die wie keine andere mit der Küche Italiens verbunden ist, gehört zur Gattung der Lippenblütler (Labiatae). Die einjährige Pflanze hat dunkelgrüne, je nach Sorte große oder kleine Blätter sowie kleine weiße Blüten und ist in den warmen Gegenden Asiens und Afrikas heimisch. Nach Westeuropa kam sie im Lauf des 16. Jahrhunderts mit Mönchen und wird seither in gemäßigten Zonen, insbesondere in Frankreich und Spanien, in zahlreichen, samt und sonders stark aromatisch duftenden Spielarten kultiviert. Das gelbliche ätherische Basilikumöl ist von aromatischem Geruch; für Gewürze wird es daher ebenso verwendet wie für Parfüme. Folgende Pflanzenteile werden verwendet: die Blätter.

Mythologie

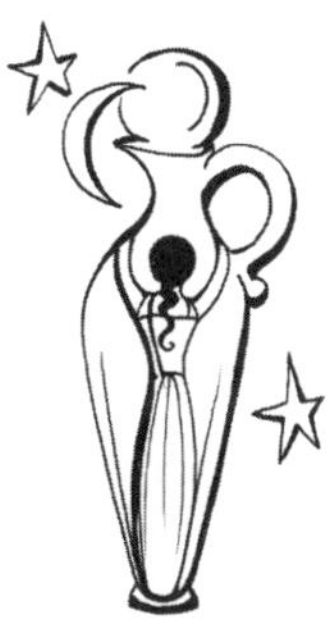

Der Name Basilikum leitet sich ab von griechisch „basilikon“ (königlich). In der griechischen Antike galt Basilikum als Symbol der Trauer, und im Ägypten der Pharaonen war es eine hochgeschätzte Grabbeigabe. In der neuzeitlichen Blumensprache symbolisiert Basilikum Liebe und Treue.

Körperlicher Nutzen

Basilikum ist als Mittel gegen Erkältungen erprobt. Es reinigt die Nase und löst den Schleim in der Brust. Die ätherischen Öle der Pflanze wirken günstig auf den Verdauungstrakt und machen sie damit zum guten Helfer gegen Übelkeit, Erbrechen und Reisekrankheit. Sogar bei Blähungen und Durchfall beruhigt Basilikum. Darüber hinaus stärkt Basilikum die Nerven und hebt die Stimmung.

Aromatherapie

Das stark duftende Öl des Basilikums wirkt beruhigend und stärkend auf die Nerven. Es macht den Kopf frei und steigert die Konzentration. Das Öl wirkt erfrischend und kann bei Kopfschmerzen eingesetzt werden. Einige Tropfen Basilikumöl in Kompressen auf die Haut aufgelegt, reinigen und erfrischen – und im Sommer hält es immerhin zuverlässig Insekten ab.

Gefühl

Basilikum ist jenen ein Weggefährte, die Probleme damit haben, körperliche Lust und Moralvorstellungen „unter einen Hut“ zu bringen. Es unterstützt das Ver-

BASILIKUM
(Octimum basilicum)

ständnis unseres Wesens und hilft, alle Ebenen unseres Lebens in Einklang zu bringen.

Magie

Der Name „Basilikum" klingt wie Basilisk – es hat ja auch dieselbe griechische Wortwurzel. Mit Basilikum läßt sich das Fabeltier, dessen Hauch und Blick tödlich sein können, abwehren und vertreiben. „Basilisken sind Fabeltiere, die aus einem dotterlosen Hahnenei von einer Kröte ausgebrütet werden. Ihr Blick kann töten", schreibt Hildegard von Bingen, und auch Martin Luther redet von Basilisken, wenn er giftige Schlangen meint. Diese Basilisken sind im Mittelalter durchaus in der Welt der Menschen verankert. Basilikum soll außerdem, so der Volksglaube, die Liebesfähigkeit steigern.

Brennessel (Urtica dioeca)

Botanik

Von der Brennessel, einem Gewächs aus der Familie der Nesselgewächse (Urticaceae), sind etwa 40 Arten beschrieben. Einige Arten wachsen in tropischen Gebirgen, die meisten gedeihen aber in den gemäßigten Gebieten Europas – und zwar an Wegrändern und auf Müllplätzen, in nassen Wäldern und Gebüschen, wobei sie feuchte, nährstoffreiche Böden bevorzugen.
Bei den Brennesseln handelt es sich um Kräuter mit vierkantigen, aufrechten, unverzweigten Stengeln mit gegenständigen, an den Rändern meist gezähnten, länglich zugespitzten Blättern. Stengel und Blätter sind dicht mit Brennhaaren besetzt. Die in Rispen auftretenden Blüten sind grün bis weiß, klein und unscheinbar. Staub- und Fruchtblätter entwickeln sich in verschiedenen Blüten. Die Frucht ist eine winzige Nuß, die einen einzigen Samen enthält.
In Mitteleuropa kommen drei Brennesselarten wild vor. Am häufigsten ist die Große Brennessel (Urtica dioeca) anzutreffen, die bis eineinhalb Meter hoch wird. Sie ist zweihäusig, man unterscheidet also weibliche und männliche Pflanzen. Folgende Pflanzenteile werden verwendet: die jungen Pflanzen, Blätter und Wurzelstöcke.

BRENNESSEL
(Urtica dioeca)

Brennessel (Urtica dioeca)

Mythologie

Trotz der unangenehmen Nesselhaare zählt die Brennessel zu den altüberkommenen Heilpflanzen. Hippokrates empfahl sie zur „Leib- und Blutreinigung". Wer beabsichtigt, mit der Brennessel zu experimentieren, ist gut beraten, Gummihandschuhe anzuziehen – der Nesselhärchen wegen, die bei Berührung ihr Gift abschießen. Das in den Nesselhärchen „lauernde" Gift, ein der Ameisensäure verwandtes Sekret, macht den Wert der Pflanze aus. Die Römer glaubten, das Peitschen ihrer edelsten Teile mit einem Brennesselstrauß würde ihnen die Männlichkeit erhalten oder zurückgeben. In Mitteleuropa hat sich bis heute die vom Volksmund vertretene Meinung gehalten, daß Kinder, die in Brennesseln fallen, in ihrem ganzen Leben keinen Rheumatismus bekommen.

Körperlicher Nutzen

Die Brennessel wurde früher wie Spinat gekocht oder als Suppe gegessen. Sie enthält viele Mineralien, aber wenig Säure, weshalb sie auch für Gichtkranke und Rheumatiker zu empfehlen ist. Gekocht „brennt" das Kraut natürlich nicht mehr. Brennesseltee gilt wegen seiner blutreinigenden Wirkung als ideale Grundlage für eine Frühjahrskur. Zupfen Sie dafür ganz junge Blätter ab und waschen Sie diese gründlich. Mehrere Tassen täglich sind erlaubt und angeraten – das baut Schlacken ab und steigert das Wohlbefinden. Die Brennessel leistet darüber hinaus gute Dienste gegen Bettnässen und Inkontinenz. Aufgrund ihres hohen Gehaltes an Gerbsäure ist die Brennessel auch ein gutes Kraut gegen Blutungen. Wer unter häufigem Nasenbluten leidet, sollte es mit einer Brennesselteekur versuchen.

Gefühl

Die Brennessel ist für Menschen angesagt, die kalt, boshaft und wütend sind. Sie hilft nämlich, Emotionen aufzubrechen und damit offener umgehen zu lernen. Wie sie das Blut reinigt, befreit die Brennessel auch von „inneren Seelengiften".

Magie

Altem Aberglauben nach schützt die Brennessel gegen Hexen. In einigen Gegenden des Alpenbogens glaubt man, wer Brennessel und Schafgarbe zusammen in beiden Händen halte, überwinde alle Angst.

Brombeere (Rubus caesius)

Botanik

Die Brombeere ist ein in den Wäldern Europas verbreiteter Obststrauch aus der Familie der Rosengewächse (Rosaceae). Die bis zwei Meter hohe Pflanze entwickelt bestachelte, bogige Schößlinge, die meist im zweiten Jahr blühen. Die Blätter bestehen aus drei bis sieben handförmig angeordneten, gezähnten Fiederblättchen. Die Blüten besitzen fünf weiße oder blaß rötlich gefärbte Kronblätter, die meist länger sind als die zugehörigen Kelchblätter. Aus der Blüte entwickelt sich eine fast schwarze Frucht, die Brombeere. Der Botaniker bezeichnet sie als „Sammelsteinfrucht“, weil sie aus einer Reihe von Einzelfrüchten besteht, von denen jede einer Steinfrucht entspricht. Die Steinkerne werden von den inneren Schichten des Fruchtblattes hervorgebracht und enthalten je einen einzigen Samen. Folgende Pflanzenteile werden verwendet: Blätter und Früchte.

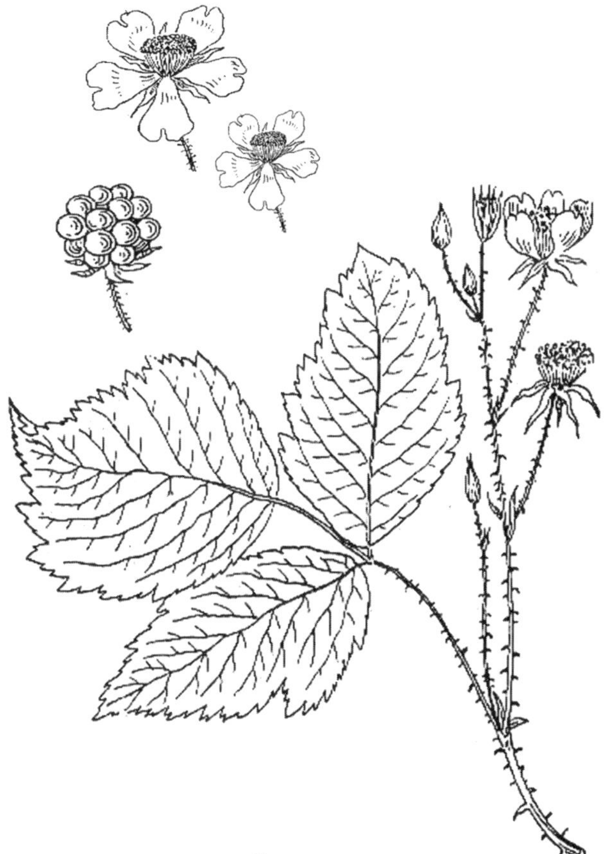

Brombeere
(Rubus caesius)

Mythologie

Die Brombeere, dieser kratzige Strauch, wurde schon in der Antike nicht nur als Nahrungsmittel, sondern auch zu Heilzwecken verwendet. Man empfahl sie gegen „ausgeweitete“ Organe und zur Festigung des

Zahnfleisches. Hildegard von Bingen setzte in Wein gekochte Brombeeren gegen das „viertägige Fieber“ ein und als (wohlschmeckenden) Tee gegen andere Erkältungskrankheiten.

Körperlicher Nutzen

Brombeeren ergeben (als Tee) ein gutes Gurgelwasser gegen Hals- und Zahnfleischentzündungen. Außerdem ist die Pflanze innerlich und äußerlich ein hervorragendes Hautmittel und wird von Naturheilern gern gegen Akne verwendet. Da die Brombeere reich an Gerbstoffen ist, läßt sie sich gegen leichte Blutungen einsetzen; darüber hinaus wirkt sie leicht stopfend.

Gefühl

Die Brombeere ist die Pflanze für Menschen mit hohen Idealen und guten Absichten, die aber Probleme haben, diese in die Tat umzusetzen. Und das führt – jedenfalls auf lange Sicht – zu Frustrationen. Die Brombeere schenkt die Energie und den Willen, die eigene Trägheit zu überwinden.

Hopfen (Humulus lupulus)

Botanik

In den Auwäldern und Laubwäldern von Südengland bis ins Mittelmeergebiet gedeiht die rankende, bis sieben Meter hohe Pflanze, die für die Jünger des Gambrinus besonderen Wert hat: der Hopfen. Er gehört zur Familie der Hanfgewächse (Cannabinaceae) und entwickelt lange Triebe, die sich rechtswindend um Bäume und Sträucher legen. Die Blätter sind wie Weinblätter gelappt und ohne Ranken. Die zapfenähnlichen, grünlich weißen und stark duftenden Fruchtstände der weiblichen Pflanzen besitzen Drüsenschuppen (Lupulin), deren aromatische Bitterstoffe (Lupulon, Humulon) eine wichtige Zutat in der Bierherstellung sind. Die Stoffe wirken nervenberuhigend und appetitanregend. Hopfen wird heute in riesigen Hopfengärten (z. B. Hallertau in Süddeutschland) gezogen, in denen hohe Stangen und Drahtkonstruktionen der Pflanze die Klettermöglichkeiten des Waldes eröffnen. Beim Pflücken der Fruchtstände werden die Ranken einfach heruntergerissen. Folgende Pflanzenteile werden verwendet: die Zäpfchen.

Mythologie

Plinius hat beobachtet, daß der Hopfen gern um Bäume rankt, und gab ihm den Namen „Weidenwolf“ – daher der lateinische Name „lupulus“. In Europa ist die Pflanze zwar seit dem Mittelalter bekannt, man verwendete sie aber nur zögernd zur Bierherstellung – bis man endlich erkannte: Das Lupulin konserviert das Bier, macht es schaumig und verleiht ihm den bitteren Geschmack. Das zuvor traditionell aus Efeupulver und Marienblatt hergestellte Bier verlor an Bedeutung. Den ersten Hinweis auf die Bierwürze findet sich in einer Schenkungsurkunde aus dem Jahr 768, die Pippin, der Vater Karls des Großen, ausstellen hatte lassen, und in der auch von einem Hopfengarten die Rede ist.

Körperlicher Nutzen

Vom Hopfen sind nur die jungen Triebe eßbar („Hopfensalat"). Über die Bedeutung von Hopfen in der Bierbraukunst ist schon die Rede gewesen. Männer, die „richtige" Männer bleiben wollen, sollten mit dem Bierkonsum allerdings vorsichtig sein: Hopfen enthält viel Östrogen! Bei Hopfenpflückerinnen hat man festgestellt, daß allein durch den Kontakt mit dem Öl die Menstruation ausgeblieben ist. Verwendet werden in der Bierherstellung ebenso wie in der Kräutertherapie die Blüten der weiblichen Pflanzen, die sogenannten Hopfenzapfen. Frische Zapfen wirken stark beruhigend und eignen sich hervorragend als Kissenfülle, während trockene Zapfen häufig das Gegenteil bewirken und anregend wirken. Kompressen aus

HOPFEN
(Humulus lupulus)

Hopfentee erweisen sich als lindernd bei Krampfadern, sie entspannen die Haut und machen sie weich. Hopfen ist ein gutes Mittel, um den Appetit anzuregen. Zu diesem Zweck verwendet man am besten im Handel erhältliche Kapseln und nimmt sie vor den Mahlzeiten ein (allerdings nicht länger als ein paar Tage!).
Achtung! Hopfen wirkt dämpfend auf das Nervensystem und sollte bei Depressionen unbedingt gemieden werden!

Aromatherapie

Wie das Kräutermittel setzt das ätherische Öl des Hopfens die Libido des Mannes herab, während es jene der Frauen fördert. Man kann das Öl, dessen Geruch nicht jedermanns Sache ist, sehr gut zum abendlichen Bad geben, weil es den tiefen und gesunden Schlaf fördert.

Gefühl

Hopfen ist gut für Heranwachsende, er hilft, die spielerische Energie der Kinder umzuwandeln. Man sagt ihm aber auch eine starke Beziehung zur Sexualität nach, die besonders Frauen helfen soll, sich ihrer wahren Natur bewußt zu werden.

Knoblauch (Allium sativum)

Botanik

Mit Knoblauch bezeichnet man eine ursprünglich in Nordindien beheimatete Heil- und Gewürzpflanze aus der Familie der Liliengewächse (Liliaceae), die im alten Ägypten, in China und Japan kultiviert wurde. Heute wird Knoblauch fast auf der ganzen Erde angebaut. Bei ihm handelt es sich um eine 30 bis 90 Zentimeter hohe Pflanze mit weißer Zwiebelknolle und aufrechtem, bis zur Mitte mit lanzettartigen, schmalen Blättern bewachsenem, langem Stengel. Knoblauch entwickelt einen behaarten Blütenkopf mit sechszähligen, rötlichweißen oder grünlichen Blüten. Knoblauch verbreitet – dank der in ihm enthaltenen organischen Sulfide – einen unangenehmen Geruch. Folgende Pflanzenteile werden verwendet: die Zwiebeln.

Mythologie

Ohne das außergewöhnliche Liliengewächs des Knoblauchs gäbe es keine Pyramiden! Alten Texten zufolge gehörte er nämlich zur täglichen Mahlzeit der Sklaven, die an den gewaltigen Bauwerken arbeiteten. Selbst in der chinesischen und in der indischen Medizin spielte Knoblauch bei weitem nicht die geringste Rolle. Die Athleten Griechenlands sprachen ihm vor Beginn des Wettkampfes zu. Knoblauch war der Göttin Hekate, der Schutzherrin der Zauberer, geweiht. Ihr brachte man an Wegkreuzungen Knoblauchzehen dar. Im antiken Griechenland war die Scheu vor dem Knoblauch, wie wir sie heute pflegen, nicht vorhanden; man genoß ihn vielmehr in großen Mengen, galt er doch als Heilmittel gegen so gut wie alles. Kein Wunder also, daß auch die Römer sich seiner bedienten und die Energiereserven der Soldaten mit reichlichen Knoblauchgaben freisetzten.

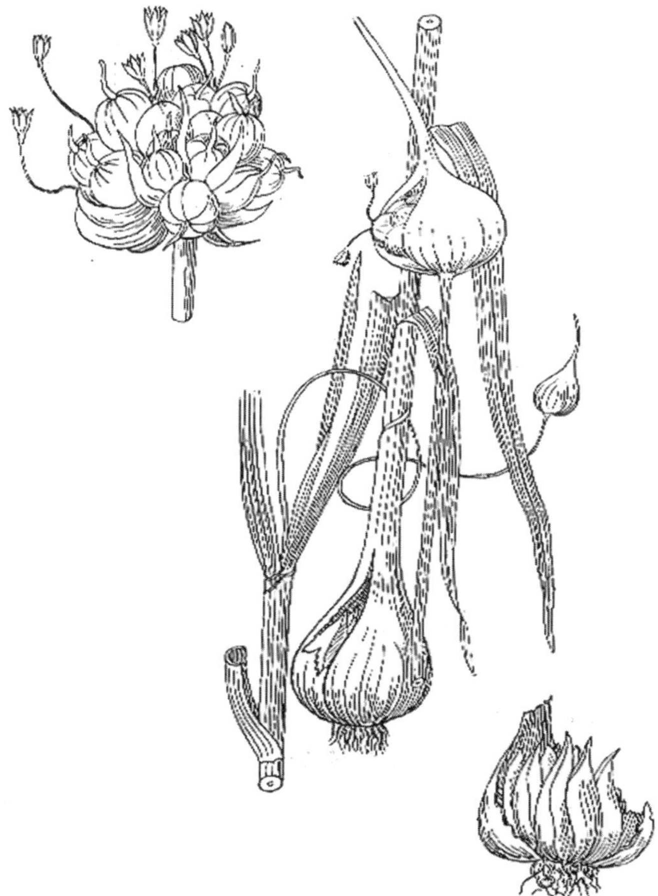

KNOBLAUCH
(Allium sativum)

Körperlicher Nutzen

Knoblauch wirkt auf drei Arten. Er stärkt und gibt neue Energie, er entgiftet, und er schützt vor Krankheiten. Knoblauch gilt als Jungbrunnen und sogar als Aphrodisiakum – vor allem aber ist er ein Schutzmittel gegen Infektionen. Er wirkt antibakteriell, antiviral und antimykotisch (gegen Bakterien, Viren und Pilze). Sein Heilstoff, das Allizin, ist stärker als Penizillin. Ausgerechnet die wunderbarste Eigenschaft der Pflanze macht sie aber so schwierig in der Anwendung: Sie zirkuliert, durch den Verdauungstrakt aufgenommen, im ganzen Körper und wirkt überall gegen Krankheitskeime, anschließend wird sie durch Harn und Haut ausgeschieden – was ihre Verwendung für die Mitmenschen bekanntlich zur Zumutung macht. Knoblauch kann gegen jede Art der Entzündung angewandt werden. Er wirkt vorteilhaft auf die Verdauung, reinigt die Leber und begünstigt die Ausscheidung von Giftstoffen. Er lindert Blähungen und senkt den Blutzucker- und den Cholesterinspiegel. Letztere Eigenschaft macht ihn zu einem wertvollen Mittel gegen Arterienverkalkung. Knoblauch ist ein gutes Mittel gegen Kreislaufbeschwerden, und er sorgt für eine gute Durchblutung. Der einzige Nachteil dieser Pflanze ist – wie erwähnt – der Geruch. Sie können ihn durch Petersilienkauen oder durch das Knabbern von Kaffeebohnen mildern.

Magie

Wer hat nicht schon gehört von der Fähigkeit des Knoblauchs, Vampire zu vertreiben! Und Odysseus, der Held aus Ithaka, wehrte sich – mit Erfolg – mit Knoblauch gegen die Zauberin Circe, die seine Mannschaft in Schweine verwandelt hatte! Noch heute trägt man in südlichen Ländern Knoblauchzehen um den Hals oder hängt Knoblauchzöpfe in der Küche auf; sie schützen vor Dämonen und bösen Geistern.

Senf (Sinapis)

Botanik

Mit Senf bezeichnet man eine Gruppe von Kulturpflanzen aus der Familie der Kreuzblütler (Cruciferae), die in Europa – ausgenommen im Norden – auch verwildert vorkommen. Er ist, auch wenn man es seiner schlanken Gestalt nicht ansieht, mit dem Kohl verwandt. Es gibt drei wichtige Senfarten, die man an den Samenfarben unterscheidet: den Weißen Senf (Sinapis alba), den Schwarzen Senf (Sinapis nigra) und den Wilden Ackersenf (Sinapis arvensis). Alle drei sind Öl- und Gewürzpflanzen; als Gewürz verwendet man die Samen (Senfkörner). Der lange, schlanke Stengel des Weißen Senfs wird bis einen Meter hoch, die hochgestielten Blätter sind leicht gefiedert, die hellgelben Blüten besitzen vier Kronblätter und treten in Trauben auf. In den Schoten entwickeln sich je Fach zwei bis drei kugelige Samen mit heller Samenschale. Folgende Pflanzenteile werden verwendet: die Samen.

Mythologie

Der Weiße Senf wird als Gewürz vermutlich seit Jahrtausenden verwendet. Schon Hippokrates erkannte das Heilpotential und empfahl, bei Verdauungsbeschwerden Senf einzunehmen. Im Mittelalter hat man, so unglaublich das für unsere heutigen Mägen klingen mag, Senf als Gemüse gegessen.

Körperlicher Nutzen

Senf ist ein anerkannt gutes Mittel gegen Verstopfung. Wer einen empfindlichen Magen hat, sollte ihn aber tunlichst meiden. Besonders die weißen Senfkörner sind mitunter so „reizend", daß sie Erbrechen auslösen – vielleicht wurde er deshalb früher auch gegen Gifte eingesetzt. Die empfehlenswertesten Anwendungen des Senfs sind das Senfpflaster und das Fußbad mit Senf, weil die in ihm enthaltenen ätherischen Öle leicht hautreizend wirken und für eine bessere Durchblutung sorgen.

Bach-Blütentherapie

Mustard ist die Blüte gegen tiefe Depressionen, gegen das Gefühl der Niedergeschlagenheit, das keinen offensichtlichen Grund hat. Sie eignet sich für Menschen, die sich zurückgezogen und jedes Interesse an der Außenwelt verloren haben. Diese Gefühle treten oft an bestimmten, wichtigen Punkten im Leben auf – Mustard hilft, die schwarzen Wolken über dem menschlichen Gemüt zu vertreiben.

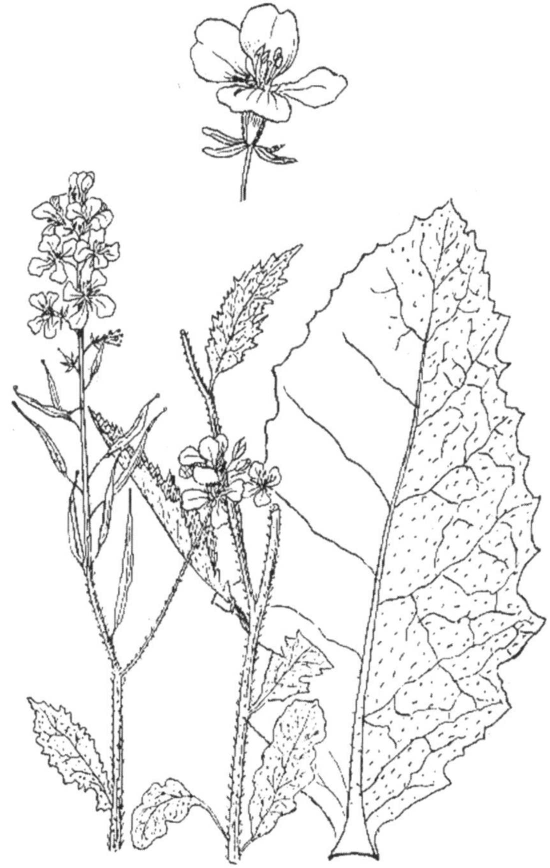

Wilder Ackersenf
(Sinapis arvensis)

Weißdorn (Crataegus)

Botanik

Weißdorn heißen zwei in Europa bis in nördliche Gefilde vorkommende, bis vier Meter hoch wachsende Dornsträucher aus der Familie der Rosengewächse (Rosaceae), die im Frühjahr weiße, streng duftende, doldenrispig angeordnete Blüten tragen. Der Zweigrifflige Weißdorn (Crataegus oxyacantha) trägt dunkelgrüne, seitlich leicht gekerbte Blätter. Seine Blüten zeigen zwei, mitunter bis zu fünf Griffel, die kugeligen roten Früchte die entsprechende Anzahl von Steinen. Der Eingrifflige Weißdorn (Crataegus laevigata) wird größer und treibt später aus. Die mattgrünen Blätter sind tief gelappt bis fiederspaltig; die schönen weißen Blüten haben nur einen Griffel und verströmen einen unangenehmen Aasgeruch, der Fliegen anlockt. Das rötliche Holz des Weißdorns wurde früher für Werkzeug und Spazierstöcke verwendet, weil es sehr hart ist. „Hart" im Nehmen ist auch die Pflanze selbst, die bis zu 600 Jahre alt werden kann. Folgende Pflanzenteile werden verwendet: Blüten und Früchte.

WEISSDORN
(Crataegus)

Mythologie

Der Weißdorn ist eine alte magische Pflanze. Er wurde nicht nur als Heilpflanze, sondern auch als Schutzpflanze hoch verehrt. Den Namen hat der Strauch von seinen schönen weißen Blüten. Die Germanen setzten Weißdorn als Heilmittel ein, auch die griechische Antike kannte ihn als Medizin. In England glaubte man, daß in den Weißdornbüschen Feen wohnten. Deshalb brachte es Unglück, Weißdorn ins Haus zu holen. Das Christentum widmete den Weißdorn um und weihte ihn der Jungfrau Maria. Die Dornenkrone Christi soll aus seinen Zweigen bestanden haben. Deshalb war man viele Jahrhunderte lang überzeugt, daß in einen Weißdornbusch kein Blitz einschlagen könne – weil ein Werk des Teufels meiden müsse, was Christi Stirn berührt habe.

Körperlicher Nutzen

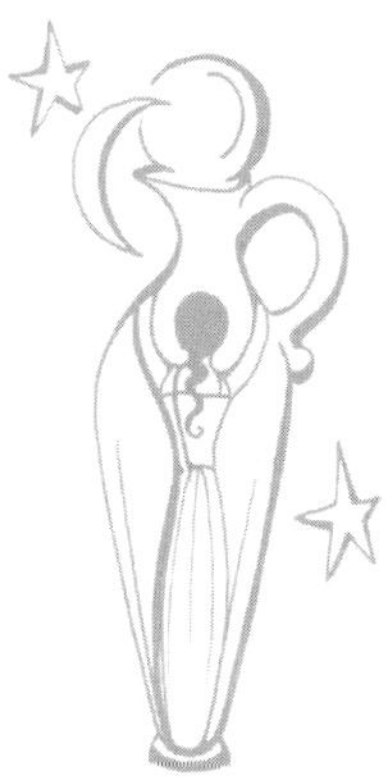

Weißdorn wird heute als Kreislaufmittel eingesetzt und gilt als „das“ Mittel für das Herz. Das Besondere an ihm ist, daß er sowohl einen zu niedrigen, als auch einen zu hohen Blutdruck reguliert. Er ersetzt – besonders bei zu hohem Blutdruck – natürlich nicht den Arztbesuch, aber ein Weißdornaufguß, zusätzlich getrunken, stärkt das Herz und regelt den Kreislauf. Weißdornbeeren helfen, wie getrocknete Schwarzbeeren auch, gegen Durchfall. In China werden Weißdornbeeren gegen Verdauungsschwäche verwendet.

Gefühl

Weißdorn öffnet das Herz und fördert die Fähigkeit, Liebe auszudrücken. Er ist hilfreich, wenn man Schwierigkeiten hat, Liebe zu geben oder zu empfangen. Er hilft allen, denen das „Herz gebrochen“ wurde, und die deshalb verbittert sind.

Magie

Weißdorn, so glaubt man, ruft die Feen und guten Geister herbei, die zwischen seinen Wurzeln und Blättern wohnen.

Wermut (Artemisia absinthium)

Botanik

Wermut heißt eine in Europa (außer im Norden) vorkommende, 60 bis 120 Zentimeter hohe Staude aus der Familie der Korbblütler (Compositae); in den Vereinigten Staaten und in Westeuropa wird Wermut sogar feldmäßig angebaut. Er ist ein enger Verwandter des Beifuß (Venuskraut). Auf dem aufrechten, stark verästelten Stengel sitzen langgestielte, tief eingeschnittene, oben graugrüne, unten seidigweiße Blätter. Die gelben, etwa vier Millimeter breiten, von filzig behaarten Hüllblättern umgebenen Blütenkörbchen enthalten nur Röhrenblüten und stehen in rispigen Blütenständen beisammen. Die ganze Pflanze führt aromatische ätherische Öle und Bitterstoffe. Folgende Pflanzenteile werden verwendet: blühende Sproßspitzen und junge Blätter.

Mythologie

Der ägyptische Papyrus Eber aus dem 15. Jahrhundert v. Chr. erwähnt Wermut als Heilmittel. Die Bitterstoffe haben ihm in der Antike einen gewissen Ruf verschafft. In der Bibel ist er das Symbol für die Bitternis des Lebens. Aber schon in der Antike und im Mittelalter wurde der Wermut als Mittel gegen so gut wie alles empfohlen – sogar als Mittel gegen zänkische Frauen. Sein Name Artemisia absinthium erzählt von dem Glauben, Artemis habe ihn gefunden und einem mythischen Heiler übergeben. Artemis war die griechische Göttin der Jagd und des Mondes, die Hexen verehrten sie als Schutzgöttin, denn Artemis war wie sie eine unabhängige Frau.

Körperlicher Nutzen

Für die magenstärkende Wirkung des Wermuts sind dessen Bitterstoffe verantwortlich. Wermut in schwachen Dosen genossen, regt die Magensaftsekretion an und vertreibt Appetitlosigkeit. In diesem Fall wird der Tee vor dem Essen getrunken. Wermut ist ein altes Mittel gegen Würmer und wird zur Stärkung der Leber empfohlen. Da Wermut – über einen längeren Zeitraum eingenommen – nicht unbedenklich ist, sollte man als Lebermittel unbedingt Mariendistelextrakte vorziehen, sie wirken besser und vor allem ohne „Nachwehen".

Wermut soll nie über einen längeren Zeitraum getrunken werden und auch nie während der Schwangerschaft! Die starke Droge kann zu Übelkeit und Vergiftungserscheinungen führen. Im 18. Jahrhundert richtete ein Schnaps aus Wermut, Anis und anderen Kräutern, der sogenannte Absinth, viele Künstler zugrunde, bis er in zahlreichen Ländern verboten wurde.

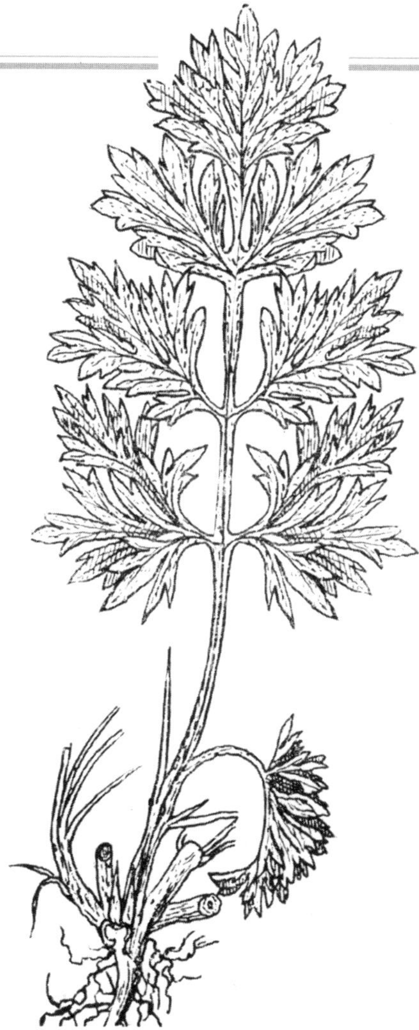

Wermut
(Artemisia absinthium)

Gefühl

Auf der Gefühlsebene weckt Wermut bei lethargischen und deprimierten Menschen neue Lebensfreude. Er ist aber auch in dieser Hinsicht ein starkes Kraut und sollte trauernden oder unter Schock stehenden Menschen nie empfohlen werden.

Magie

Die neuen Hexen und Schamanen glauben, daß Wermut, in Feuer verbrannt, hilfreiche Geister herbeiruft. Dieselbe Technik wird auch als Regenzauber empfohlen. In den Mund genommen, soll Wermut junge Frauen davor bewahren, eine Hexe zu werden.
Und zu guter Letzt ein Liebeszauber: Am Lukastag, dem 18. Oktober, soll man sich mit einer Mixtur aus zerstoßenem Wermut, Essig und Honig einreiben; der Traummann erscheint dann im Schlaf.

Zwiebel (Allium cepa)

Botanik

Die Zwiebel ist eine heute in allen Erdteilen in zahlreichen Zuchtformen angebaute Lauchart aus der Familie der Liliengewächse (Liliaceae). Die Blätter sind – wie der im zweiten Entwicklungsjahr hervorbrechende, über 50 Zentimeter hohe Blütenschaft – röhrenförmig angelegt. Er endet in einer kugeligen Trugdolde mit zahlreichen kleinen, grünlichweißen Blüten. Alle Teile der Pflanze führen stark riechende Zwiebelöle mit Allizin als Hauptbestandteil, einem antibiotisch wirkenden Sulfoxid. Die Zwiebel ist eine Verwandte des Knoblauchs. Verwendete Teile sind Zwiebelknolle und junge Blätter.

Mythologie

Die Zwiebel war in der gesamten antiken Welt bekannt und zählte zu den Grundnahrungsmitteln der Ägypter und der Chaldäer. Wie diese verbrauchten die Griechen und Römer und schließlich die Menschen des Mittelalters ungeheure Mengen dieser Pflanze. Wir sollten es ihnen nachmachen und die Pflanze in jeder Form, roh und gekocht, genießen. Außerdem gibt es einige bekannte Hausmittel, die Zwiebel ist nämlich auch eine alte Heilpflanze.

Körperlicher Nutzen

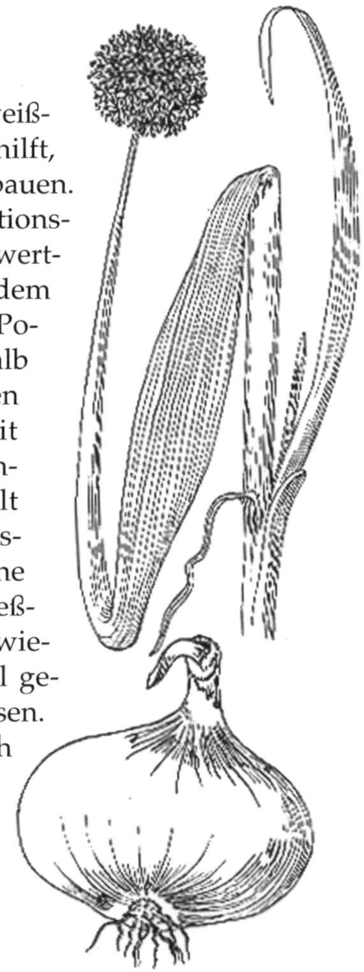

Die Zwiebel wirkt schweiß- und harntreibend und hilft, Stoffwechselgifte abzubauen. Das macht sie bei Infektionskrankheiten besonders wertvoll. Man sagt ihr, wie dem Knoblauch, nach, die Potenz zu steigern, weshalb die besonderen Asketen unter der Geistlichkeit früher auf beide verzichteten. Die Zwiebel gilt überdies als Schönheitsmittel, das für eine reine Haut sorgt. Und schließlich hat sich frischer Zwiebelsaft als gutes Mittel gegen Bienenstiche erwiesen. Eine Auflage aus frisch geschnittenen Zwiebelringen hilft bei entzündlichen Schmerzen, bei Halsweh und Abszessen.

Jupiterkräuter

JUPITER, der Gott des Himmels

Jupiterkräuter

Astronomie

Jupiter ist der größte Planet unseres Sonnensystems. Er hat 1.400mal soviel Volumen wie die Erde, aber nur 318mal soviel Masse – das heißt, daß Saturn mehr aus Gasen besteht als aus Gesteinen und Metallen wie die Erde. Sein Äquatordurchmesser beträgt 143.650 Kilometer. Er bewegt sich in einer mittleren Entfernung von 778 Millionen Kilometer in 11,8 Jahren um die Sonne. Die Rotationszeit am Äquator beläuft sich auf knapp zehn Stunden. Der Planet besitzt eine Atmosphäre aus Wasserstoff (87 %), Helium, Ammoniak und Methan. Auffallend ist das starke Magnetfeld des Jupiters, das eine intensive Radiostrahlung erzeugt. Jupiter besitzt 16 Trabanten, die ihn umrunden; die größten sind Ganymed, Kallisto, Io und Europa.

Mythologie

Jupiter war als Gott des hellen Himmels und der Menschen der höchste Gott des Römischen Reiches, der vor allem an hochgelegenen Stellen verehrt wurde. Sein Name wird meist unterschiedslos mit dem des Zeus verwendet. Er ist Gemahl der Ino (Juno), ihm waren alle Vollmondtage heilig, und er beherrschte als Wettergott den Donner und die gefährlichen Blitze, die er vom Firmament zu schleudern in der Lage war. Das römische Volk unterstellte sich seinem Schutz, alle politischen Erfolge galten als von Jupiter gewollt. Im römischen Staatskult heißt er Iupiter Optimus Maximus. Mit Juno und Minerva bildet er die kapitolinische Trias – die drei wichtigsten Götter auf dem Kapitol. Der im Jahr 507 v. Chr. geweihte Haupttempel, in dem die Statuen der Juno und Minerva in Seitennischen aufgestellt waren, stand auf dem Kapitol, der dadurch zum heiligen Bezirk wurde. Alle wichtigen Akte des öffentlichen römischen Lebens fanden im Tempel des Jupiters statt (Auszug der Feldherren, die erste Senatssitzung im Jahr, Angelobung der Konsuln usw).

Planetenkräuter

Der Planet Jupiter wird mit dem Element Luft in Verbindung gebracht. Er regiert das Reich der Urteilskraft und steht für das aufbrausende Temperament. Jupiterkräuter nähren und kräftigen insbesondere Blut und Leber – sie stehen in enger Verbindung zu beiden Organen.

In diesem Buch werden folgende Jupiterkräuter besprochen:
Löwenzahn, Mariendistel, Melisse, Rotklee, Salbei, Thymian und Ysop.

Löwenzahn (Taraxacum officinale)

Löwenzahn
(Taraxacum officinale)

Botanik

Löwenzahn, auch Kuhblume genannt, findet sich auf fetten Wiesen und an Wegrändern. Verbreitungsgebiet ist Europa bis in Höhenlagen von 2.000 Meter. Der häufig vorkommende Löwenzahn zählt zur Familie der Korbblütler (Compositae). Allein in Mitteleuropa gibt es mehr als 120 Kleinarten.
Die Pflanze besitzt gefiederte Blätter in grundständiger Rosette, einen milchsaftführenden Hohlstengel und ein intensiv gelb gefärbtes Blütenköpfchen mit zahlreichen Zungenblättern. Besonders auffallend sind die Früchte, die sich durch eine schirmartig ausgebildete Haarkrone auszeichnen. Die reifen Früchte lösen sich vom Blütenboden ab und werden vom Wind oft weit verfrachtet. Bei Kindern sind die „Pusteblumen" beliebt. Verwendete Teile sind Wurzel, Blätter und Saft.

Mythologie

In der Antike galt der Löwenzahn als Kraut der Hexengöttin Hekate, die den Helden Theseus damit bewirtet haben soll. Eine andere Geschichte erzählt, daß die Löwenzahnblüten einst Feen waren, die sich in ihren leuchtendgelben Mänteln nicht verstecken konnten; so wurden sie in Löwenzahnblüten verwandelt.

Körperlicher Nutzen

Der Löwenzahn gehört zu den alltäglichsten Vertretern der Gruppe der Jupiterkräuter. Die Franzosen haben für ihn einen Namen gefunden, der (fast) alles über seine Wirkung aussagt: „piss en lit" (piß ins Bett) – er spielt auf die harntreibende Wirkung des Löwenzahns an. Im Gegensatz zu anderen harntreibenden Mitteln, die auch Kalium auswaschen, ersetzt es der Löwenzahn durch seinen hohen Kaliumgehalt selbst. Indem der Löwenzahn die Ausscheidung von Harnsäure begünstigt, findet er als gutes Mittel gegen Gicht Verwendung. Der Löwenzahn ist ein sanft entgiftendes Tonikum, das die Ausscheidung von Giftstoffen, Schlacken und Abbauprodukten erhöht und solcherart das Blut reinigt. Der bittere Geschmack übt einen Reflex auf Magen und Verdauungsorgane aus – der Appetit wird gefördert, die Verdauung erleichtert. Die jungen, überaus vitaminreichen Blätter – im Frühling gegessen – sind eine wahre Verjüngungskur für den Organismus. Löwenzahnwurzeln können die Heilung nach Gallenleiden beschleunigen. Sie regen die Tätigkeit der Leber an und haben eine leicht abführende Wirkung. Der Löwenzahn soll außerdem den Blutzuckerspiegel regeln; bei sehr niederem Blutdruck soll er aber nicht genommen werden, weil er ihn noch weiter senken könnte.

Gefühl

Im emotionalen Bereich wirkt Löwenzahn heilend und mutgebend. Er erhöht die Energie und verstärkt die Konzentrationsfähigkeit. Löwenzahn eignet sich daher gut für Menschen, die unter Termindruck stehen, aber auch für Senioren, weil er vor den Folgen des Alters schützt.

Magie

Die Hexen behaupten, daß, wer sich mit Löwenzahn einreibt, überall gern gesehen ist und jeden Wunsch erfüllt bekommt. Und: Neun Löwenzahnwurzeln vertreiben, um den Hals gehängt, das Fieber.

Mariendistel (Silybum marianum)

Botanik

Disteln sind in Europa und Asien wachsende Kräuter (mit stacheligen Blättern) aus der Familie der Korbblütler (Compositae, Asteraceae). Außer der Artischocke gehören fast nur „Unkräuter“ zu ihnen. Sie wachsen vorzugsweise auf Schuttplätzen und an Wegrändern. Die Mariendistel besitzt einen kräftigen Stengel, die Blätter sind groß, glänzend und mit Stacheln sowie weißen Streifen entlang der Blattadern versehen. Die rotvioletten Blüten verströmen keinen Geruch. Folgende Pflanzenteile werden verwendet: Blätter, Samen und Köpfchen.

MARIENDISTEL
(Silybum marianum)

Mythologie

Schon seit fast 2.000 Jahren gilt die Mariendistel als „das“ Mittel für die Leber. Sie wird in allen mittelalterlichen Kräuterbüchern erwähnt, geriet aber dann in Vergessenheit. Erst in den Jahren zwischen den beiden Weltkriegen interessierte sich die Wissenschaft wieder für diese Pflanze.

Körperlicher Nutzen

Der wichtigste Wirkstoff der Mariendistel ist „Silymarin“. Er beeinflußt die Leberzelle so, daß sie gegen

Mariendistel (Silybum marianum)

Giftstoffe „abgedichtet" ist. Außerdem hat die Mariendistel eine regenerierende Wirkung auf das Zellgewebe; in Tierversuchen hat sie sogar bei Vergiftungen mit Knollenblätterpilzen geholfen. Die Mariendistel kann als Leber- und Gallentee bei leichten Verdauungsbeschwerden getrunken werden: etwa einen Teelöffel Kraut pro Tasse, 20 Minuten ziehen lassen, mehrmals am Tag trinken. Der Wirkstoff Silymarin ist allerdings schwer wasserlöslich, weshalb bei Leberbeschwerden bzw. Krankheiten von Selbstversuchen mit diesem Tee abzuraten ist. Wirksam ist nur der isolierte Wirkstoff der Pflanze. Das erste dieser Mittel war unter dem Namen „Legalon" im Handel. Es wird noch heute bei Vergiftungen mit Knollenblätterpilzen verwendet und hilft auch in vielen Fällen der Schwangerschaftsübelkeit.

Melisse (Melissa officinalis)

Botanik

Die im Orient beheimatete, um 700 von den Arabern nach Spanien gebrachte Melisse (Zitronenkraut) wird zur Familie der Lippenblütler (Labiatae) gerechnet. Sie besitzt aufrechte, bis einen Meter hohe, verzweigte Stengel, gegenständige, eiförmige Blätter und bläulichweiße bis gelblichweiße Blüten in den Blattachseln. Die Pflanze enthält das Melissenöl und verströmt daher einen feinen zitronenartigen Duft, der Bienen anlockt. Folgende Pflanzenteile werden verwendet: Triebe und Blätter.

Mythologie

Im Mittelalter galt die Pflanze als Elixier ewiger Jugend. Paracelsus urteilte über die Pflanze: „Melissa ist von allen Dingen, die die Erde hervorbringt, das beste Kraut fürs Herz." Und Hildegard von Bingen meinte, die Melisse habe die Kräfte von 15 anderen Kräutern. Der Name (griech. melissa, Biene) erzählt davon, daß sie eine geschätzte Bienenweide ist und zu diesem Zweck auch angebaut wird. Der römische Schriftsteller Plinius, der mehrere Bücher über die richtige Landwirtschaft verfaßte, rät, Melissenblätter zum Ausreiben neuer Bienenstöcke zu verwenden. Die Araber waren al-

Melisse
(Melissa officinalis)

lerdings die ersten, die den Wert der Melisse „erkannten". Sie nannten sie „herzstärkend" und empfahlen sie als Mittel gegen die Melancholie. Die Wirkung der Melisse kannten auch die alten Pflanzenheiler. Josef Miller schrieb Anfang des 18. Jahrhunderts: „Melisse macht das Herz froh und heilt Herzklopfen. Sie verhütet Ohnmacht, Melancholie und hysterische Leiden und ist wertvoll bei bösartigen und ansteckenden Krankheiten." Und Culpeper meint: „Die Melisse vertreibt lästige Sorgen aus dem Kopf."

Körperlicher Nutzen

Heute wird Melissentee als verdauungsfördernder Tee bei Magenverstimmungen verabreicht. Er ist außerdem gut gegen nervöse Kopfschmerzen und gegen Schlaflosigkeit, wenn die Nerven an dem Übel schuld sind. Die Melisse besitzt auch virushemmende Eigenschaften, was zur Entwicklung einer Creme gegen Herpes simplex geführt hat. Melissenöl oder gequetschte Blätter sind ein gutes Mittel gegen Insektenstiche!

Aromatherapie

Das reine ätherische Öl der Pflanze ist schwer zu bekommen, weil es oft mit Zitrone und Lemongras vermischt wird. Kaufen Sie es nur bei einem vertrauenswürdigen Händler, denn nur das echte Melissenöl wirkt. Melissenöl ist sehr teuer, kann aber wie Rosenöl mit einem Basisöl gemischt werden; schon wenige Tropfen dieser Mischung reichen aus. Melissenöl ist kräftigend und dämpfend. Es verlangsamt die Atmung und den Puls und wirkt entkrampfend auf die Muskulatur. Bei Nervenleiden, die auf Übersensibilität beruhen und bei denen panikartige Angstattacken auftreten, sowie bei allen hysterischen und nervösen Leiden ist Melisse ein sehr gutes (zusätzliches!) Mittel zur Stabilisierung.

Gefühl

Der reine, aus frischen oder getrockneten Blättern gefertigte Melissentee stabilisiert das seelische Gleichgewicht und hellt die Stimmung auf. Einige Melissenblätter, in Teemischungen gegeben, bringen übrigens einen besseren Geschmack. Die Melisse entspannt, verleiht neue Kraft und hilft über emotionale Probleme hinweg.

Magie

Melisse soll die Fruchtbarkeit fördern und wurde viel in Liebesritualen verwendet. Dazu muß die Pflanze aber am Mittsommertag (21. Juni) gepflückt werden.

Rotklee (Trifolium pratense)

Botanik

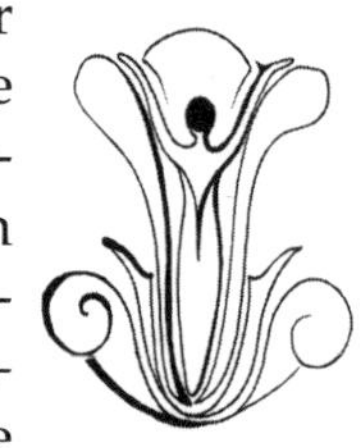

Zum Klee, einer Gattung aus der Familie der Hülsenfrüchtler, zählt man etwa 300 Arten, die in den gemäßigten und subtropischen Gebieten der nördlichen Hemisphäre (vornehmlich Mittelmeergebiet und Kalifornien) in Fettwiesen und an Wegrändern gedeihen. In Mitteleuropa sind zahlreiche Arten heimisch, die zum Teil wichtige Wiesen- und Futterpflanzen darstellen. Die Kleearten, meist ausdauernde oder einjährige Kräuter, haben lange, verzweigte Stengel sowie dreilappige, dunkelgrüne Blätter mit hellgrüner Zeichnung. Die traubigen oder oft kopfförmig zusammengezogenen, aus Fahne, Flügel und Schiffchen bestehenden Blütenstände leuchten weiß (Trifolium repens), rot (Trifolium pratense) oder gelb (Trifolium aureum). Verwendete Teile sind die Blüten.

Mythologie

Die drei Blätter des Klees galten in alten Zeiten als Sinnbild der drei Aspekte der Göttin: junges Mädchen, Mutter und Greisin. Der Klee brachte deshalb besonders den Frauen Glück. Im Christentum wandelte sich der Klee zum Symbol der Dreifaltigkeit. Heute steht er für Häuslichkeit und weibliche Tugend. Sein Reich-

tum an Mineralien und an Eiweiß macht ihn zu einem guten Futtermittel für Kühe.

Körperlicher Nutzen

Als Kräutermittel – in erster Linie zur Blutreinigung – verwendet man die roten Blüten. Rotklee wirkt leicht abführend und wassertreibend. Derzeit laufen Forschungen über den Einsatz der Pflanze in der Tumornachbehandlung. Die Blüten wirken entspannend, sie lindern Streß und Anspannung. Sie werden als auswurfförderndes Mittel bei Husten und zum Gurgeln bei Halsentzündungen empfohlen. Die blutreinigende Wirkung macht den Klee auch zum Mittel gegen Hauterkrankungen. Wie alle Jupiterkräuter ist der Klee ein gutes Mittel für den weiblichen Geschlechtsapparat und kann als Tee bei Menstruationsschmerzen versucht werden.

Gefühl

Der Rotklee ist jenen Menschen zu empfehlen, die Probleme damit haben, ihre Gefühle zu zeigen. Er hilft bei Traurigkeit und Kummer und besonders dann, wenn man

ROTKLEE
(Trifolium pratense)

sich ständig (chronisch) Sorgen macht. Er wirkt stärkend, weil er die Lebenskraft ankurbelt und die Kraft gibt, mit Altem zu brechen.

Magie

Rotklee-Essig gilt als gutes „Reinigungsmittel" im Hausbereich: Rotkleeblüten in ein Gefäß geben und mit Essig übergießen; drei Tage stehen lassen, dann abseihen; zwei Eßlöffel davon in einen Kübel mit Putzwasser geben – das befreit Heim und Haus von schlechten Schwingungen und gibt den Bewohnern die Fähigkeit, Hexen zu sehen und zu erkennen.

Salbei (Salvia officinalis)

Botanik

Salbei heißt eine etwa 500 Arten umfassende Gattung aus der Familie der Lippenblütler (Labiatae), deren krautige oder strauchige Vertreter in Südeuropa beheimatet sind, kultiviert aber praktisch weltweit in gemäßigten Zonen vorkommen. Am bekanntesten ist der Echte Salbei (Gartensalbei, Salvia officinalis). Es handelt sich um einen 30 bis 70 Zentimeter hohen Halbstrauch mit behaarten Ästen. Die ledrigen, schmalen, duftenden Blätter sind graugrün und gegenständig. Die blauvioletten, ährenartigen Blüten mit zweilippigem Kelch, dreispaltiger Unterlippe, gewölbter Oberlippe und nur zwei Staubblättern verbreiten einen starken Duft. Salbei läßt sich im Topf und im Garten ziehen. Er ist sogar winterhart und stellt keine besonderen Ansprüche, wenngleich er „nasse Füße" gar nicht schätzt. Folgende Pflanzenteile werden verwendet: Blätter und blühende Sproßspitzen.

Mythologie

„Wenn Du lange leben willst, dann iß im Frühling Salbei", rät ein altes Sprichwort. Selbst der Name des Salbei – Salvia – hängt mit „gesund sein" zusammen. Bei den Römern stand der Salbei im hohen Ansehen

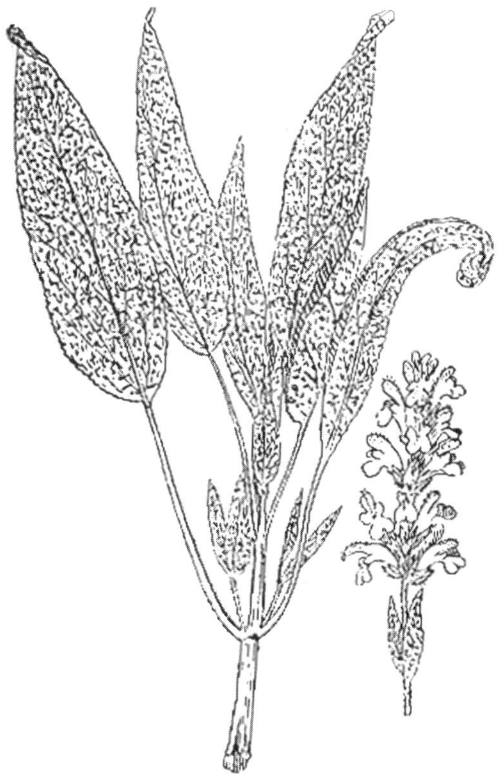

SALBEI
(Salvia officinalis)

einer heiligen Pflanze, deren Ernte nicht Gartenarbeit, sondern Zeremonie war – eine Einstellung, über die wir nachdenken sollten! Die alten Griechen glaubten, Salbei mache unsterblich, und die Ägypter bekämpften mit ihm sogar die Pest. Vielleicht ist an dieser Einschätzung des Salbeis etwas dran, denn bei der großen Pestepidemie von 1630 betrieben in Frankreich Diebe ohne jede Angst vor einer Ansteckung Leichenfledderei. Sie wurden gefaßt und gaben ihr Geheimnis im Tausch gegen ihr Leben preis: Sie gaben an, sich am Körper mit einer Mixtur aus Salbei, Rosmarin, Thymian und Lavendel eingerieben zu haben. Seither gehört diese Lösung als „Vier-Diebe-Essig" zur Naturheilkunde. Im Mittelalter pries man den Salbei als Schutz gegen Krankheiten und als Verjüngungs- und Potenzmittel. Nicholas Culpeper meint, daß der Salbei „gutes Blut" mache.

Körperlicher Nutzen

Salbei hat einen guten Einfluß auf die Verdauung, er entkrampft und fördert den Appetit. In der Küche empfiehlt es sich, schwere oder fette Speisen mit Salbei zu würzen und sie so verträglicher zu machen. In der Frauenheilkunde wird Salbei schon seit langem angewendet, weil er die weiblichen Geschlechtsorgane stärkt. Auf jeden Fall ist bei Nachtschweiß während der Wechseljahre ein Versuch mit Salbeitee anzuraten. Salbei regelt bei jungen Mädchen die Menstruation, seine stimulierende Wirkung auf die Gebärmutter verbietet es aber, während der Schwangerschaft Salbei zu verwenden. Auch muß er während der Stillzeit gemieden werden, weil er den Milchfluß stoppt. Salbei hat eine ausgezeichnete antiseptische Wirkung und kann daher sowohl als Wundmittel als auch bei Halsentzündungen zum Gurgeln und bei Zahnfleischentzündungen für Mundspülungen verwendet werden.

Aromatherapie

Salbeiöl gehört zu den stärksten Aromaölen und muß daher sehr vorsichtig verwendet werden, weil es bereits in kleinen Mengen toxisch ist und krampfartige Zuckungen die Folge sind. Schuld daran ist das Thujon, das sogar epileptische Anfälle auslösen kann. Anstelle des Salbeis verwendet man in der Aromatherapie den verwandten Muskatellersalbei. Er ist milder, hat aber einen eigenen, nußartigen und erdigen Geruch, den nicht alle mögen. Muskatellersalbei sagt man eine euphorisierende und beruhigende Wirkung nach.

Er leistet gute Dienste bei depressiven Verstimmungen.

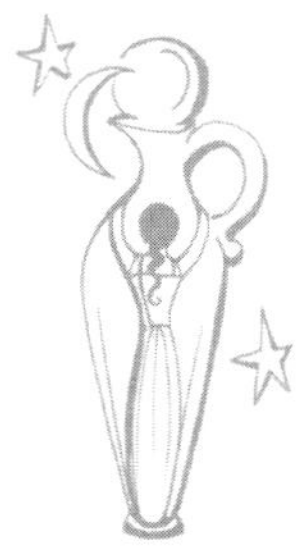

Gefühl

Salbei ist gut für die Kehle: Er hilft, wenn sie „zugeschnürt" ist vor Angst oder Nervosität. Er hilft, Blockierungen zu lösen und Gefühle frei werden zu lassen. In dieser Beziehung hat er eine reinigende Kraft auf das Gefühlsleben.

Magie

Der Salbei galt zu allen Zeiten als ein Zauberkraut, besonders in Sachen Liebeszauber.

Botanik

In Eurasien, Nordafrika und auf den Kanaren gedeiht in 35 verschiedenen Arten eine Lippenblütlergattung: der Thymian. Es handelt sich um einen nur 30 Zentimeter hohen Halbstrauch mit behaartem Stengel und spitzovalen, am Rand leicht eingerollten, grünen, an der Unterseite weißen und filzigen Blättern. Die kleinen, rosaweißen bis hellvioletten Blüten mit zweilippiger Krone stehen in kurzen ährigen Blütenständen beisammen. Die ganze Pflanze verbreitet einen aromatischen Duft, der unter anderem auf das ätherische Öl Thymol zurückgeht, dem starke antiseptische Wirkung nachgesagt wird. Thymian hat seine Heimat in westmediterranen Steinfluren, wird heute aber in ganz Europa und in Nordamerika als Gewürz- und Heilpflanze angebaut. Folgende Pflanzenteile werden verwendet: Blätter und Blütenstände.

Mythologie

In der Antike glaubte man, Thymian stärke die männlichen Eigenschaften. Der Legende nach wuchs er zum erstenmal dort, wohin die Tränen der schönen Helena getropft waren. Dem Wortstamm nach ist

THYMIAN
(Thymus vulgaris)

der Name Thymian mit dem griechischen Wort für Räuchern verwandt. Tatsächlich wurde das Kraut in der Antike zur Reinigung der Tempel und zum Vertreiben von Insekten verwendet. Sein Fruchtstempel erinnert in der Form an eine Schlangenzunge, weshalb ihn die Signaturlehre sogar gegen Schlangenbisse empfahl. Die Römer verbrannten Thymian, weil sie glaubten, der Rauch vertreibe Skorpione. Im Mittelalter war Thymian ein Frauenkraut, das man den Gebärenden ins Bett legte. Mönche mußten ihn dagegen meiden, denn man schrieb dem Kraut auch aphrodisierende Kräfte zu.

Körperlicher Nutzen

Thymian ist ein ausgezeichnetes Mittel gegen Husten, man schätzt seine entspannenden und schleimlösenden Eigenschaften. Er wirkt schweißtreibend und fiebersenkend. Aber Vorsicht! Thymian ist ein starkes Mittel und soll nie länger als ein paar Tage angewandt werden! Thymian wirkt verdauungsfördernd und empfiehlt sich bei leichten Koliken und Blähungen. Diese Wirkung macht ihn zu einem wichtigen Küchengewürz, besonders bei fetten Speisen. Sogar als Badezusatz läßt er sich gebrauchen. Er regt den Kreislauf an und wirkt gegen Erkältungen.

Aromatherapie

Thymianöl regt die Durchblutung an und wirkt gegen Erkältungen. Man kann es für Inhalationen verwenden und mit ihm Husten und Erkältungen bekämpfen. In der Duftlampe stimuliert es die Energie. Thymianöl ist für Kinder ungeeignet, auch Erwachsene sollten das Öl nie unverdünnt auf die Haut auftragen. Verwenden Sie es nur in kleinen Mengen und eventuell mit anderen Ölen gemischt.

Gefühl

Thymian gibt Mut. Er ist wie geschaffen für alle, die meinen, am Ende ihrer Kräfte zu sein.

Botanik

Der in altisraelischen Überlieferungen als „an der Wand hängende“ oder „aus der Wand wachsende“ zauberkräftige Wurzel bezeichnete Ysop ist ein Zauber- und Heilkraut aus der Familie der Lippenblütler (Labiatae). Seine Wirkungen sind dem Knoblauch oder der Zwiebel ähnlich. Es handelt sich um einen bis 50 Zentimeter hohen Halbstrauch. Bei den schmalen, quirlig angeordneten Blättern fällt die starke Mittelkerbe auf. Die blauvioletten, rosaroten oder weißen Blüten bilden Scheinähren.

Mythologie

In vielen Kulturen gilt die hübsche Pflanze als Sinnbild der Reinheit. Im Talmud steht das Sprichwort: „Frißt die Flamme das Zederngebälk, was bleibt an der Wand dem Ysop?“ – was soviel heißen will wie: „Wo die Mächtigen fallen, bleibt den Schwachen keine Hoffnung.“ In der Bibel heißt es in den Psalmen: „Reinige mich mit Ysop, daß ich rein werde.“ Den alttestamentarischen Berichten nach wurde die Wurzel mit Zedernholz und scharlachroter Wolle in das Blut eines Opfertieres getaucht, und dann – um Entsündigung, Reinigung sowie Heilung zu erreichen – auf

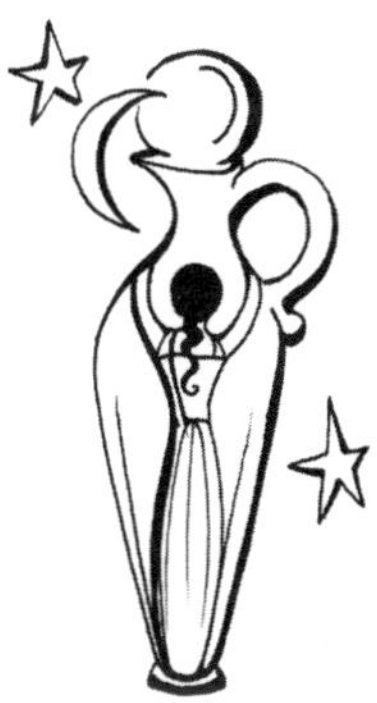

Ysop
(Hyssopus officinalis)

den Körper des Kranken, vor das Bett oder auf die Türschwelle gelegt. Selbst der Aussatz lasse sich damit vertreiben. Für die Griechen war Ysop ein wichtiges Mittel in Reinigungszeremonien. Später wurde er zur Reinigung von Kirchen und als Streukraut für den Fußboden verwendet (das waren Kräuter, die man auf den Boden streute und dann zusammenkehrte).

Körperlicher Nutzen

Wie den Thymian schätzen die Bienen den Ysop sehr. Ysop ist ein wertvolles Kräftigungsmittel nach Infektionen. Er hilft gegen eine Vielzahl von Erkrankungen, besonders gegen Infektionen des Hals-, Nasen- und Rachenraumes. Er wirkt auf den Verdauungsapparat, regt den Appetit an und beruhigt bei Blähungen. Als Jupiterkraut reinigt und entschlackt er auch das Blut. Äußerlich kann man Ysop als Kompresse bei Verstauchungen und Schwellungen verwenden und kleine Hautwunden mit ihm auswaschen, denn Ysop hat auch antiseptische Eigenschaften.

Aromatherapie

Das fein duftende Öl des Ysops wird in der Parfümindustrie verwendet. Therapeutisch angewandt, erweist es sich als gutes Mittel gegen Ängste und Spannungszustände. In die Luft zerstäubt, reinigt es die Atmosphäre (wichtig für Krankenzimmer oder beim Lernen, wenn der Kopf frei sein soll). Inhaliert wirkt Ysopöl wie das Kräutermittel gegen Erkältungskrankheiten.

Gefühl

Ysop ist gut für Menschen, die das Gefühl haben, in einer „feindlichen" Welt zu leben. Er hilft denen, die ihren Platz nicht kennen, und die Hilfe brauchen, einen Sinn im Leben zu finden. Ysop kurbelt den Selbsterhaltungstrieb an und erweist seine Wohltaten denen, die sich überarbeitet fühlen.

Saturnkräuter

SATURN, DER GOTT DER AUSSAAT

Saturnkräuter

Astronomie

Saturn ist der zweitgrößte Planet unseres Sonnensystems (Äquatordurchmesser 120.800 km). Galileo Galilei beobachtete mit Hilfe eines der ersten Teleskope schon im Jahr 1610 das Ringsystem, aber erst Christian Huygens erkannte im Jahr 1655, daß die Ringe vom Planeten getrennt sind. Galilei hatte sie noch als „Griffe" interpretiert. In gut zehn Stunden dreht sich der Saturn um die eigene Achse. Die Entfernung zur Sonne beträgt im Durchschnitt 1.428 Millionen Kilometer, die Umlaufzeit 29,5 Jahre. Der Saturn hat eine Atmosphäre aus Wasserstoff, Helium, Ammoniak und Methan; die Temperatur in der Atmosphäre beträgt 170 Kältegrade. In der Äquatorebene umgibt ein freischwebender Ring (aus Dunst, Eispartikeln, Staubteilchen und meteoritenartigen Brocken) den Planeten. Neben dem Ring, der aus mehr als 100.000 kleinen Ringen besteht, umkreisen den Saturn 23 Monde; Titan ist mit einem Durchmesser von 5.000 Kilometer der größte.

Mythologie

Saturn, der Vater Jupiters, wurde Kronos, dem griechischen Gott der Zeit, gleichgestellt. Er war ein römischer Bauern- und Erntegott, dessen ursprüngliche Herkunft umstritten ist. Jupiter und Saturn gelten als „gerechte" und freundliche Herrscher des einstigen „Goldenen Zeitalters". Der Haupttempel des Saturns stand auf dem Forum Romanum und diente – wie treffend für einen Erntegott – als Staatskasse (und Aufbewahrungsort für den Staatsschatz) und Staatsarchiv. Das Saturnfest feierte man am 17. Dezember, es signalisierte offiziell das Ende der Aussaat. Das Fest, die Saturnalien, diente dazu, den Sklaven die Freiheit zu gewähren – bloß für einen Tag zwar, doch bisweilen so intensiv, daß die Herren ihre Sklaven bedienten. Ganz allgemein beschenkte man sich an diesem Tag, vornehmlich mit Tonpuppen, Wachskerzen und scherzhaften Gedichten. Insbesondere aber erfreute man sich an dem sonst verbotenen Würfelspiel. Das Fest errang eine solche Bedeutung, daß es schließlich sieben Tage dauerte. Unter dem Einfluß des Christentums verblaßte seine Attraktivität. Trotzdem vermutet man, daß die Saturnalien Vorläufer des Faschings waren.

Planetenkräuter

Der Saturn hat seit alters her eine eher düstere Ausstrahlung. Er regiert das Skelett des Menschen und die Haut. Die Kräuter, die für sein Zeichen stehen, gleichen den Wasserhaushalt des Körpers aus. Sie haben die Fähigkeit, zu verdichten und zu binden. Sie sind allerdings oft auch nicht unbedenklich, manche sogar giftig. Zum Saturn gehören auch Schierling, Hanf, Alraune und Nachtschatten – Pflanzen, die seit jeher mit Magie in Verbindung gebracht wurden. Und die oft Bestandteile sogenannter Hexentränke und Hexensalben waren. Wobei besonders der Gefleckte Schierling in fast allen Rezepten vorkam.

In diesem Buch werden folgende Saturnkräuter behandelt:
Beinwell, Königskerze, Malve, Mispel, Quitte, Rote Rübe und Schwarzdorn.

Beinwell (Symphytum officinale)

Botanik

Beinwell aus der Familie Boraginaceae kommt außer im Mittelmeerraum in ganz Europa vor. Das Kraut wird bis zu 80 Zentimeter hoch. Auf dem kantigen, verzweigten Stengel sitzen lanzettartige, mit rauhen Haaren bedeckte Blätter. Die violetten, rosaroten oder gelben Blüten stehen in traubenartigen Blütenständen zusammen. Der Wurzelstock ist außen schwarz, innen weiß und schleimig. Folgende Pflanzenteile werden verwendet: die Wurzelstöcke.

Mythologie

Beinwell wird seit alters her als Heilmittel gegen Knochenbrüche verwendet. Sein deutscher Name spricht diese Wirkung an; auch der Gattungsname „Symphytum" deutet darauf hin (von gr. „symphyein", zusammenwachsend). Hildegard von Bingen verwendet Beinwell für ein Rezept gegen Bauchfellrisse und zur Behandlung von Geschwüren.

Körperlicher Nutzen

Beinwell hat bei äußerlicher Anwendung wundheilende Eigenschaften, die auf einer Kombination von Schleim, Gerbstof-

BEINWELL
(Symphytum officinale)

fen und Allantoin beruhen. Wie man festgestellt hat, ist Allantoin jener Wirkstoff, der von Fliegenmaden ausgeschieden wird. Die „Fliegenmadenbehandlung“ ist eine alte Behandlungsform von Geschwüren und schlecht heilenden Wunden, die die Schulmedizin unlängst erforscht hat, und in manchen Ländern wieder einsetzt. Allantoin löst die Wundsekrete auf und verflüssigt sie. Außerdem werden die körpereigenen Abwehrmechanismen gefördert und die Durchblutung angeregt.

Beinwell enthält sogenannte Pyrrolizidin-Alkaloide, die als Lebergift bekannt sind und krebserregend sein können. Zumindest im Tierversuch – Ratten, denen Beinwell ins Futter gemischt wurde – erkrankten an Leberkrebs. Es gibt aber auch Untersuchungen, die die gesamte Pflanze einbezogen, und die das Gegenteil erbrachten. Die Pflanze sollte bis zur endgültigen Klärung dieser Wirkungsweise vorsichtshalber nicht innerlich genommen werden.

Beinwell-Salbe gilt als hervorragendes Mittel gegen Arthritis. Sie ist auch bei hartnäckiger Schuppenflechte durchaus zu empfehlen, weil sie die Heilung der Oberhaut reguliert. Aus diesem Grund darf sie aber niemals bei offenen und schmutzigen Wunden verwendet werden: Da Verunreinigungen durch die beschleunigte Heilung eingeschlossen werden können. Pürierte Blätter kann man auf kleine Frakturen, die man nicht gipsen kann, geben. Aufgußöle nach der heißen Methode herstellen! Beinwell war früher auch ein sehr schmackhaftes Gemüse: Sowohl die Blätter als auch die Wurzel sind verwendbar. Botanisch ist Beinwell mit dem Borretsch verwandt, der als Würzkraut angepflanzt wird. Wenn Sie ihn verwenden wollen, dann nur selten und mit langen Pausen zwischen dem Verzehr!

Gefühl

Beinwell soll gegen traumatische Verletzungen helfen, aber eine Verwendung als Tee kann nicht empfohlen werden!

Magie

Früher hat man vor der Hochzeit in Beinwell gebadet, um die Jungfräulichkeit wiederherzustellen. Man nennt die Pflanze auch „Hekates Glocken". Beinwell wurde anscheinend für Rituale verwendet, um die Trance zu vertiefen.

Königskerze (Verbascum thapsus)

Botanik

Die Königskerzen sind eine prachtvolle, etwa 300 Arten umfassende Pflanzengattung aus der Familie der Rachenblütler (Scrophulariaceae). Sie kommen in Europa (außer im Norden), Nordafrika und Vorderasien (bis in das nördliche Indien) vor. Besonders viele Arten gibt es im Mittelmeergebiet. Königskerzen sind zweijährige Kräuter mit meist aufrechten, geraden, dicken Stengeln, grundständiger Blattrosette und zahlreichen ungeteilten, mit wolligem Filz bedeckten Stengelblättern. Im oberen Teil des Stengels entwickeln sich kerzenartige, gelbe, ährenartige Blütenstände. Eine der stattlichsten Arten ist die bis zwei Meter hohe Großblumige Königskerze, die an steinigen, sonnigen Plätzen gedeiht. Folgende Pflanzenteile werden verwendet: Blätter und Blüten.

Mythologie

Dioskorides verwendete die Königskerze bei Skorpionstichen, gegen Augenleiden und Husten, und die Römer entdeckten, daß die Pflanze in getrocknetem Zustand eine hervorragende Fackel abgibt. Später setzte man die Königskerze gegen die auszehrenden Krankheiten, zum Beispiel Tuberkulose, ein. Bei den Engländern heißt sie Hag's taper (Hexenkerze) – ein

Königskerze
(Verbascum thapsus)

Hinweis darauf, daß sie früher in vielen Ritualen verwendet wurde.

Körperlicher Nutzen

Die Königskerze ist eine Pflanze mit zwei Gesichtern. Zum einen ist sie ein Heilkraut mit vielerlei Eigenschaften, zum anderen aber hat sie (bzw. ihre Samen) narkotisierende Wirkung (die unter anderem dazu verwendet wurde, Fische zu betäuben). Die Königskerze ist ein typisches Saturnkraut, das die Schleimabsonderung im Körper bekämpft. Deshalb wird sie bei chronischen Katarrhen, Bronchitis und auch bei trokkenem Husten eingesetzt. Sie fördert auch einen heilsamen Schlaf.

Ein Tip: Den Tee immer durch ein Tuch filtern, weil die feinen Härchen Reizungen verursachen können! Als Aufguß zum Gurgeln verwendet, lindert die Königskerze Halsentzündungen. Das Aufgußöl der Königskerze ist ein Mittel zur Behandlung von Ekzemen, Wunden und Hämorrhoiden. Es wird auch gegen Ohrenschmerzen empfohlen. **Aber:** Niemals einträufeln, nur den kleinen Finger benetzen und das Ohr sanft massieren. Als Saturnkraut ist die Königskerze auch ein Mittel für die Harnblase. Als Tee eignet sie sich zur Behandlung gegen nervös bedingtes Bettnässen und lindert Beschwerden durch zu sauren Harn.

Gefühl

Königskerze ist bei Menschen angesagt, die mürrisch und schlecht gelaunt sind. Sie gibt innere Stärke und erleichtert es, moralische Werte zu finden. Im Bereich der Emotionen hilft sie, sich selbst treu zu bleiben.

Magie

Man pflanzte die Königskerze in Klostergärten, um böse Geister fernzuhalten, und trug sie auf Reisen bei sich, um die Mächte der Dunkelheit zu bannen.

Malve (Malva silvestris)

Botanik

Die Malven bilden eine artenreiche Zweikeimblättlerfamilie (Malvaceae), deren Verbreitungsschwerpunkt in den Tropenzonen liegt. Es handelt sich um Kräuter, Sträucher oder Bäume mit einfachen oder gelappten wechselständigen Blättern und regelmäßigen, meist lebhaft gefärbten Blüten. Ihre zahlreichen Staubblätter sind zu einer Röhre verwachsen und mit den Kronblättern verbunden. Der oberständige, mehrfächrige Fruchtknoten entwickelt sich zu vielsamigen Kapseln oder einsamen Teilfrüchten; die Samen erscheinen häufig behaart. Die Pflanze wird über einen Meter hoch und ist über und über mit einem silbrigen Flaum bedeckt. Folgende Pflanzenteile werden verwendet: die ganzen Pflanzen.

Mythologie

Die Malve ist auch unter den Bezeichnungen Stockrose und Eibisch bekannt. Der Gattungsname aller Variationen kommt von griech. „althaino“, was soviel bedeutet wie „heilen“. In der Antike war der Eibisch sowohl Gemüse als auch Heilmittel. Die Pflanze selbst stammt aber aus China, wo sie als Fruchtbarkeitssymbol galt.

Malve
(Malva silvestris)

Körperlicher Nutzen

Vom Eibisch verwendet man alle Teile, er ist ein ausgezeichnetes Mittel gegen alle Entzündungen innerhalb und außerhalb des Körpers. Seine erweichende Wirkung macht ihn zu einem Wundmittel, denn er verhindert unter anderem, daß sie sich zu früh schließen. Er lindert Sodbrennen und Magenbeschwerden – wobei der kalte Auszug vorzuziehen ist: ein Eßlöffel voll Kraut in einem Viertelliter Wasser zwei Stunden ziehen lassen. Eibisch bewährt sich aber auch als heißer Tee, und zwar stärkt er bei Reizhusten und bei Infektionen des Brustkorbs die Immunabwehr.

Schönheit

Äußerlich angewandt, ist Eibischtee bei Akne und anderen Hautproblemen zu empfehlen. Gequetschte Eibischblätter eignen sich als Erste-Hilfe-Mittel gegen Insektenstiche.

Gefühl

Eibisch ist eine Pflanze, die Wärme und Offenheit erzeugt. Sie hilft Menschen, die sich einsam und abgeschnitten fühlen. Malve beseitigt Barrieren wie mangelndes Vertrauen, Angst oder Unsicherheit und erleichtert die Kommunikation.

Botanik

In Mitteleuropa ist die Mispel ein selten gewordenes Relikt aus alter Zeit, denn im Mittelalter gehörte sie noch zu den beliebten Obstarten. Als Wildpflanze ein dorniger, kultiviert ein dornenloser, bis sechs Meter hoher Strauch mit dicht behaarten Zweigen und kurzstieligen, lanzettförmigen, oben dunkelgrünen, an der Unterseite graugrünen und dicht behaarten Blättern. Die Mispel gehört zu den Rosengewächsen (Rosaceae). Die Früchte sehen aus wie kleine braune Äpfel. Folgende Pflanzenteile werden verwendet: die Früchte.

Körperlicher Nutzen

Mispeln enthalten in reichem Maß Pektin, Zucker und Apfelsäure und eignen sich daher gut zum Einkochen und für Obstweine. Die Früchte werden gegen Durchfall und Fieber eingesetzt. Die Anwendung bei Durchfall macht Sinn, denn die adstringierende Wirkung der Mispel reguliert die Darmtätigkeit. Ein weiterer Vorteil ist, daß die Mispel auch von Menschen mit empfindlichem Magen gut vertragen wird.

Schönheit

Eine Schicht frischer gehackter Mispelblätter, auf die Haut aufgelegt, hilft gegen große Poren.

MISPEL
(Mespilus oxyacantha)

Quitte (Cydonia vulgaris)

QUITTE
(Cydonia vulgaris)

Botanik

Die Quitte ist eine strauchige, bis sechs Meter hohe Verwandte des Apfels aus der Familie der Rosengewächse (Rosaceae). Sie trägt eiförmige, ganzrandige, auf der Unterseite filzig behaarte, sattgrüne Blätter. Aus den einzeln stehenden, blaßroten Blüten entwickeln sich große, gelbe, apfelförmige Sammelbalgfrüchte mit zahlreichen dunklen Samen. Die Quitte verströmt einen wunderbaren Duft. Sie wurde in Südwestasien (Kaukasus, Türkei) in Kultur genommen und gelangte über Kleinasien und Italien nach Mitteleuropa; heute wird sie weltweit angepflanzt. Die zwar aromatischen, aber gerbstoffhaltigen Früchte werden nur in vollreifem Zustand (und daher vor allem in wärmeren Gebieten) roh verzehrt.

Mythologie

Lange Zeit wurde die Quitte wegen ihres hervorragenden Duftes der Blüten verwendet. Die Früchte waren Opfergaben an die Götter. Vielleicht waren die berühmten goldenen Äpfel der Hesperiden Quitten, den Griechen war die Pflanze ja bekannt. Die Quitte spielte in Hochzeitsritualen der Antike eine Rolle, und Hippokrates, der berühmte Arzt, erklärte sie zu einer der nützlichsten und heilsamsten Früchte. Sie wurde wegen ihrer adstringierenden Eigenschaften ebenso geschätzt wie als Gegenmittel bei Vergiftungen. Obwohl sie auch in Mitteleuropa oft vorkommt, spielt sie im täglichen Gebrauch kaum eine Rolle. Die Quitte ist reich an Vitamin C und galt in klassischer Zeit als Heilmittel für den Magen-Darm-Bereich. Wegen ihrer Robustheit wird sie gern als Veredelungsunterlage für Apfel- und Birnbäume verwendet.

Körperlicher Nutzen

Quitten können eingekocht werden, wobei das „Quittenbrot“ entsteht, mit dem man Backwaren herstellen kann. Zu Heilzwecken wird die Quitte bei Hautkrankheiten empfohlen.

Schönheit

Die Quitte dient seit alters her auch der Schönheit. Man zerstoße 30 Gramm Quittenkerne, mische sie mit wenig Wasser und verteile alles auf dem Gesicht. Das bremst Faltenbildung und beruhigt die Haut. Ein anderes altes Rezept gegen Falten: 100 Gramm Quittenschalen in eineinhalb Liter 45%igen Alkohol zehn Tage ziehen lassen und abgeseiht als Tonikum zur Gesichtsreinigung verwenden.

Rote Rübe (Beta conditiva)

Rote Rübe
(Beta conditiva)

Rote Rübe (Beta conditiva)

Botanik

Die Rübe ist eine vielgestaltige Kulturpflanze aus der Familie der Gänsefußgewächse (Chenopodiaceae). Es handelt sich um eine runde, dunkelrote Erdknolle mit kohlähnlichen Blättern, die in der Küche gern verwendet wird. Folgende Pflanzenteile werden verwendet: die Wurzelfrüchte.

Mythologie

Als Salatgemüse und als Saft erfreut sich die Rote Rübe – die Pflanze ist auch als Rote Bete bekannt – sehr großer Beliebtheit. Mit ihrer heilenden Wirkung sind allerdings nur wenige richtig vertraut. In der dunkelroten Knolle vermutete man früher ein Mittel zur Blutverbesserung. Sie wurde (und wird) als Nervenmittel und zur besseren Verdauung empfohlen.

Körperlicher Nutzen

Heute weiß man, daß die rote Farbe allein nicht das Gesunde an der Rübe ist. Dafür sind vielmehr eine ganze Reihe anderer Stoffe verantwortlich. So besitzt die Rote Rübe große Anteile an B-Vitaminen, die als blutbildend und nervenstärkend gelten. Vor allem hat sie aber einen hohen Anteil an Mineralstoffen, darunter Kalium, Kalzium und Phosphor, und einen für ein Gemüse sehr hohen Anteil an Eiweiß.

Die Rote Rübe wirkt harntreibend, regt Gallenblase und Leber an und fördert die Verdauung. Nach neueren Forschungen stärkt sie die Abwehrkräfte gegen Grippeviren, was sie zum idealen Wintergemüse macht. (Sie soll auch helfen, den Alkoholspiegel im Blut zu senken! Aber Achtung! Wer zuviel hat, hat zuviel; da hilft nichts und niemand!)

Die Rote Rübe kann gekocht als Gemüse und Salat genossen werden. Mehr Vitamine bleiben allerdings im Saft und in der Rohkost erhalten. Der etwas erdige Geschmack ist gewöhnungsbedürftig; mit Apfel- oder Orangensaft gemischt, ergibt die Rübe aber ein gesundes und köstliches Getränk. Wer eine Kur plant, sollte auf biologischen Anbau achten, sonst schadet der Nitratgehalt in der Pflanze mehr, als diese nützt.

Schwarzdorn (Prunus spinosa)

Botanik

Der Schwarzdorn, auch Schlehe genannt, ist ein Dornstrauch aus der Familie der Rosengewächse (Rosaceae) und mit Pflaumen und Kirschen verwandt. Er wächst in Mitteleuropa auf sonnigen Hügeln und an

Waldrändern, wird bis drei Meter hoch und ist dicht verzweigt. Die dunkelgrauen Äste sind mit verdornenden Zweigen besetzt. Die Blätter entfalten sich erst gegen Ende der Blütezeit. Aus den fünfzähligen, weißen Blüten, die schon im März und April ausgebildet werden – Schwarzdorn ist einer der ersten unter den heimischen Sträuchern, die blühen –, entwikkeln sich kugelige, blauschwarze Steinfrüchte, die „Schlehen"; ihr Fleisch ist grün und schmeckt so herb, daß man sie kaum genießen kann.
Für die Herstellung von Likör sammelt man sie nach den ersten Frösten, dann schmecken sie bekömmlicher. Folgende Pflanzenteile werden verwendet: Rinde, Blätter, Knospen und Früchte.

SCHWARZDORN
(Prunus spinosa)

Körperlicher Nutzen

Medizinisch kann Schwarzdorn bei Akne sowie als Frühjahrskur und bei Müdigkeit eingesetzt werden. Dazu verwendet man einen Absud aus den Beeren – 40 Gramm auf einen Liter Wasser; einen Liter täglich trinken.

Magie

Die Schlehe ist ein altes Mittel zur Abwehr von Hexen und bösen Geistern. Als Zweige und Kränze über dem Eingang angebracht, schützen sie das Haus.

Blüten, die einen Salat oder andere Speisen garnieren können, und die eßbar sind:

- **Apfelblüten und Bärlauch** (Blüten und Blätter schmecken nach Knoblauch),
- **Basilikum** (vor allem zu italienischen Gerichten und zu Tomaten),
- **Borretsch** (hübsche blaue Blüten, die aber nur in kleinen Mengen verzehrt werden sollten),
- **Fenchel** (attraktive Blüten, die weniger intensiv als die Blätter schmecken),
- **Gänseblümchen** (hübsch in Salaten und Suppen, schmecken leicht nussig),
- **Kapuzinerkresse** (hübsch in Salaten, schmeckt leicht pfefferig),
- **Lindenblüten** (für Süßspeisen),
- **Rosen** (alle Sorten sind eßbar, aber nur garantiert unbehandelte verwenden),
- **Stiefmütterchen** und
- **Veilchen** (beide hübsch in Sommersalaten und ideal zum Kandieren).

Rezepturen rund um die Planetenkräuter

Bärlauchpaste
Etwa 100 Gramm frischer Bärlauch (wilder Knoblauch), 10 Gramm Salz, 1/10 Liter sehr gutes Olivenöl. Den frischen Bärlauch sorgfältig waschen, trockentupfen und im Mörser zerreiben; Salz und Öl untermischen und in einem dunklen Gefäß im Kühlschrank aufbewahren; nach jeder Entnahme etwas Öl nachgießen. 2 Eßlöffel Bärlauchpaste mit 4 Eßlöffel feingehackten Haselnüssen, 4 Eßlöffel Parmesan vermischen, auf ein kurz angebratenes Rindsfilet streichen und im Rohr bei großer Hitze etwa 8 Minuten überbacken. *Achtung!* Bärlauchblätter können leicht mit (den giftigen) Maiglöckchenblättern verwechselt werden. Achten Sie auf den Geruch, die giftigen Maiglöckchen riechen nicht.

Beifuß-Aperitif
Kulinarisch ist Beifuß nicht ergiebig. Aber versuchen Sie einmal einen Beifuß-Aperitif: 1 Liter (trockener) Weißwein, 3 Stengel Beifuß, 3 Blätter Zitronenmelisse, 1 Blatt Pfefferminze, 1 Eßlöffel Honig; Kräuter in den Wein geben, zwischen 12 und 24 Stunden ziehen lassen, dann abseihen und Honig einrühren. Der Aperitif ist appetitanregend und fördert die Verdauung.

Beruhigungstee (nächtlicher)
Mischung aus: 20 Gramm Melissenblätter, 20 Gramm Baldrianwurzel, 5 Gramm Hopfenblüten. 2 bis 3 Teelöffel der Mischung mit heißem Wasser übergießen, 10 Minuten ziehen lassen, 1/2 Stunde vor dem Schlafengehen trinken.

Brombeersirup
Halb grüne und halb reife schwarze Brombeeren entsaften; auf 1 Glas Saft 1 Glas Wasser und 2 Glas Zukker geben, alles gut mischen und in dunklen Flaschen kühl aufbewahren. Brombeersirup ist ein gutes Mittel gegen Durchfall.

Entspannungstee
5 Gramm Lindenblüten, 5 Gramm Zitronenmelisse, 5 Gramm Kamillenblüten. Pro Tasse 1 Eßlöffel der Mischung mit heißem Wasser übergießen, 2 bis 3 Minuten ziehen lassen, abseihen, mit Honig oder Kandiszucker süßen; täglich 2 bis 3 Tassen trinken.

Erkältungstee
10 Gramm Lindenblüten, je 5 Gramm Hagebutten, Heidelbeeren und Kamillenblüten. Auch diesen Tee 10 Minuten ziehen lassen und besonders vor dem Schlafengehen davon trinken!

Frühjahrskur
2 Zwiebel, 1 Liter Wasser. Die Zwiebel vierteln und im Wasser kochen – diese Flüssigkeit über den Tag verteilt trinken, und zwar 3 Tage lang.

Frühlingssalat
Die Blätter der Schlüsselblumen eignen sich als Zutaten für Frühlingssalate sowie für Gemüse und Kräutersuppen. Aber Achtung! Es gibt auch Primelarten, die gefährlich sind! Die Becher- oder Giftprimel kann Entzündungen der Haut verursachen. Und auch die ganz normale Becherprimel oder Schlüsselblume provoziert bei empfindlichen Menschen unter Umständen Hautreizungen.

Gänseblümchen
Gänseblümchen sind eine hübsche und gesunde Zutat zu Salaten oder eine gut schmeckende Dekoration für Suppen.

Geflügel mit Kruste
1 Huhn, 60 Gramm Mehl, 1 Eigelb, 1 Teelöffel Thymian, 1 Teelöffel Majoran, 1 Zitrone, Butterflocken, Pfeffer. Auch Geflügel wird mit Kräuterkruste interessanter: Thymian und Majoran mit dem Mehl in einer elektrischen Mühle fein mahlen; mit Pfeffer und der abgeriebenen Schale einer halben Zitrone mischen; das Huhn abwaschen und mit einer Zitronenscheibe füllen, mit Eigelb bestreichen und in drei Viertel der Kräutermasse wälzen, Butterflocken darüber geben; bei 200 Grad 30 Minuten backen, dann den Rest der Kräutermasse darüberstreuen, übergießen und noch 20 Minuten backen, bis alles knusprig ist.

Haartinktur (gegen Haarausfall)
50 Gramm Tausendguldenkraut, 1 Liter Wasser. Ein Absud aus Tausendguldenkraut (und der tiefe Glaube daran) hilft gegen Haarausfall. Man gibt das Tausendguldenkraut in das Wasser und läßt 10 Minuten ziehen.

Haartinktur (für schönes Haar)
2 Handvoll Brennesselblätter 2 Stunden lang in Essigwasser kochen, dann abseihen und in Flaschen füllen; täglich die Kopfhaut damit massieren – das gibt schönes, gesundes und glänzendes Haar.

Haarwasser
1 großes Büschel Brennesselblätter 15 Minuten in Wasser kochen, dann abseihen und auskühlen lassen (nur im Kühlschrank aufbewahren!); nach jeder Haarwäsche damit spülen; das verleiht dem Haar bleibenden Glanz und beugt Haarausfall vor.

Hauttonikum (gegen Akne)
In 1 Liter Wasser zwei Zwiebel reiben und mit dieser Flüssigkeit das Gesicht waschen.

Hauttonikum (gegen Cellulite)
50 Gramm frische Eisenkrautblätter (oder Efeublätter), etwas Essig. Wer Eisenkrautblätter im Essig solang köchelt, bis die Flüssigkeit verdunstet ist und

daraus einen warmen Beinumschlag macht, tut sich Gutes gegen Cellulite.

Hauttonikum (gegen fette Haut)
5 bis 8 Tropfen Wacholderöl, 100 Milliliter fettfreie Cremebasis. Wer ein gutes Mittel gegen Akne oder fette Haut benötigt, rührt das Wacholderöl in die Cremebasis. Gibt man einige Tropfen Wacholderöl in destilliertes Wasser, erhält man ein Tonikum, das die Haut reinigt und strafft (vor Gebrauch schütteln).

Hauttonikum (gegen fleckige Haut)
60 Gramm Petersilie, 1 Liter Wasser, 1 Zitrone. Petersilie ist ein erfolgreicher Helfer gegen fleckige und für helle Haut. Man gibt die Petersilie in das Wasser, läßt 10 Minuten ziehen und fügt den Saft einer Zitrone bei; die Flüssigkeit zum Waschen verwenden.

Hauttonikum (gegen trockene Haut)
Karotten sind ein hervorragendes Schönheitsmittel. 1 Karotte, Mandelöl, 1 Spritzer Zitronensaft. Eine Karotte raspeln, mit Mandelöl und Zitronensaft zu einem Brei vermengen und auf das gereinigte Gesicht auftragen; wer es zu Hause hat, kann auch 3 Tropfen Karottensamenöl zufügen; 20 Minuten einwirken lassen, dann abspülen.
Die „Karottenmaske" ist ein probates Mittel gegen trockene Haut.

Herzstärkungstee
10 Gramm Lindenblüten, 10 Gramm Weißdorn. Diesen Tee am besten 10 Minuten ziehen lassen und täglich bis 2 Tassen davon trinken.

Herztonikum
1 Handvoll frischer Kräuter von Melisse und Löwenschwanz (Leonurus cardiaca), 1 Liter guten Schnaps. Kräuter in ein großes Einmachglas geben, mit gutem Schnaps übergießen und 4 Wochen ziehen lassen; dann abseihen und in eine saubere Flasche füllen; bei Herzklopfen 1/2 Kaffeelöffel voll in Wasser einnehmen – oder die Herzgegend 2mal am Tag mit Weißdornöl (siehe Marskräuter) einreiben.

Holunderbeerensirup
Holunderbeeren nach Belieben, Zucker, Wasser. Holunderbeeren in einen Topf geben und gerade soviel Wasser dazugießen, daß sie nicht anbrennen; 1 Stunde kochen lassen, abseihen und pro Liter Saft 2 Kilo Zucker zufügen; so lang rühren, bis der Zucker geschmolzen ist; abkühlen lassen, in Flaschen füllen.

Holunderdessert
1/2 Liter Milch, 2 große Blütendolden, 3 große Eier getrennt, 6 Blatt Gelatine, 60 Gramm Zucker, 150 Milliliter Obers, 150 Milliliter Weißwein, Saft und Schale von 1/2 Zitrone. Die Blüten in der Milch aufkochen,

abseihen und kurz überkühlen; Milch mit Eigelb, Zukker und Obers mischen, Gelatine nach Vorschrift auflösen und dazugeben, im Wasserbad unter Rühren andicken lassen; Wein, Zitronensaft und Schale unterrühren, kühl werden lassen; vor dem Steifwerden den Eischnee unterziehen, in Formen füllen und im Kühlschrank festwerden lassen.

Holundermilch

Holundermilch ist ein wohlschmeckendes Getränk, das bei beginnender Erkältung hilft. 5 Blütendolden, 1 Liter Milch, 4 Eßlöffel Honig, 2 Eigelb, 2 Stamperl Cognac. Holunderblüten in der Milch aufkochen, abseihen und leicht abkühlen lassen; Honig in Milch auflösen, Cognac dazugeben und Eidotter einrühren.

Holundersekt

4 Blütendolden, 750 Gramm Zucker, 3 1/2 Liter Wasser, Saft von 3 Zitronen. Die Blüten mit Wasser, Zukker, Essig und Zitronensaft in eine Schüssel geben, 24 Stunden unter gelegentlichem Umrühren stehenlassen, dann abseihen und in Flaschen mit Schraubverschluß füllen. Der „Sekt" kann schon nach einer Woche getrunken werden.

Hustensirup

Je 3 Eßlöffel frische Blätter von Thymian und Spitzwegerich, 1/4 Liter Wasser, 1/4 Kilo Waldhonig. Thymian und Spitzwegerich schneiden und in einen Topf geben; mit warmem, nicht siedendem Wasser übergießen und 1/2 Stunde ziehen lassen; Honig dazugeben und erhitzen, dabei das Ganze 3mal aufwallen und dazwischen abkühlen lassen; durch einen Filter in eine dunkle Glasflasche füllen und im Kühlschrank aufbewahren. Bei Husten: 3mal am Tag 1 Kaffeelöffel voll einnehmen.

Kandierte Veilchen

Eine einfache, aber sehr effektvolle Schleckerei: Veilchenblüten, Rosenblätter, 1 Eiweiß, 1 Eßlöffel Wasser, Zucker. Saubere Veilchenblüten und Rosenblätter in eine Mischung aus 1 Eiweiß und 1 Eßlöffel Wasser sachte eintauchen; anschließend ganz leicht in sehr feinem Kristallzucker schwenken oder auf Zucker legen und bestreuen; auf einem mit Zucker bestreuten Pergamentpapier trocknen lassen. Dieses Rezept kannte man schon in der Antike. Übrigens – Josephine, die schöne Frau Napoleons, soll ihre schlechten Zähne ihrer Vorliebe für kandierte Veilchen verdankt haben.

Knoblauchbrot

Einige Knoblauchzehen, Olivenöl, Schwarz- oder Weißbrotscheiben. Die Knoblauchzehen zerdrücken und mit Olivenöl mischen; die Brotscheiben damit bestreichen und im Backofen knusprig backen.

Königin-von-Ungarn-Wasser
100 Gramm Rosmarinblüten, 1 Liter Weißwein. Blüten in Wein ansetzen und 1 Monat ziehen lassen, dann abseihen.

Körperpeeling
3 Tassen Leinsamen, 1 Tasse getrocknete Rosenblätter, 1 Tasse getrocknete Minze, 2 Eßlöffel pulverisierte Iriswurzel. Alle Zutaten in einer Kaffeemühle fein mahlen, mischen und luftdicht aufbewahren. Vor dem Baden die feuchte Haut mit der Mischung abrubbeln und abspülen.
Leinsamen macht die Haut weich und glatt, die anderen Zutaten beruhigen die Haut und sorgen für einen herrlichen Duft.

Kräuteressig (für den Körper)
1 Liter guten Obstessig, 75 Gramm Trockenkräutermischung (Lavendel, Rosmarin, Melisse, Pfefferminze, Blütenblätter von Rosen und Malven, einige Blätter Duftgeranie). Kräuter in ein dunkles Gefäß schichten und vollständig mit Essig begießen; 8 Wochen an einen dunklen Ort stellen, dann durch ein Tuch abseihen und bei Gebrauch jeweils zwei bis drei Eßlöffel auf 1/2 Liter Wasser verdünnen. Kräuteressig kann als Spülung nach der Haarwäsche verwendet werden und erfrischt als Waschung bei fiebrigen Erkrankungen.

Kräuterkissen
Kräuterkissen lassen sich aus individuellen Mischungen herstellen. Ihr Duft entspannt und beruhigt. Meine Mischung: 30 Gramm Melissenblätter, je 20 Gramm Lavendel- und Kamillenblüten, 10 Gramm Pfefferminzblätter, 1 Handvoll Rosenblätter, einige Blätter Duftgeranie. Alle Zutaten gut mischen und in einen Baumwollbezug (40 x 40 cm) füllen; mit Füllwatte umwickeln, damit ein kuscheliger Polster entsteht, in einen größeren Bezug geben; von Zeit zu Zeit drükken, dann duftet's wieder.

Kräuteröl (allgemein)
Zur Herstellung des Öls verwende ich: 1/2 Liter Distelöl (auch das teurere Mandelöl ist gut geeignet, Olivenöl hat einen zu starken Eigengeruch), 50 Gramm frische Blütenblätter und 20 bis 30 Tropfen ätherisches Öl. Die Kräuter kleinschneiden oder grobhacken, mit Öl übergießen und 6 bis 8 Wochen stehenlassen, dann abfiltern und in einer Flasche kühl und dunkel aufbewahren.
Das Öl kann als Hautpflegeöl verwendet werden. Als Badeöl müssen ihm auf 1 Liter 100 Milliliter Emulgator (gibt es in der Apotheke) beigemischt werden, weil sich das Öl sonst nicht mit dem Wasser vermischt.
Die Wahl der Kräuter richtet sich nach der gewünschten Wirkung: Melisse beruhigt und gleicht aus, Rosmarin regt an und belebt, Kamille pflegt, erhellt die

Stimmung und hilft bei Angstzuständen; Lavendel entspannt, gleicht aus, lindert Nervosität; Rose pflegt die Haut und vertreibt Melancholie; Wacholder beruhigt, hilft bei Schlafstörungen und Angstzuständen.

Kräuterpaste

100 Gramm frische Kräuter, 10 Gramm Salz, Olivenöl. Kräuter ganz kleinschneiden oder im Mörser zerreiben, mit Salz und Olivenöl zu einer dicken Paste verrühren, in ein Glas füllen und fingerdick mit Olivenöl bedecken. Die Paste hält sich im Kühlschrank gut ein halbes Jahr. Sie wird ähnlich wie Pesto verwendet, hat aber einen weniger intensiven Eigengeschmack. Sie eignet sich als Würze für Gemüsesuppen, Kartoffelgerichte und für Salate. Nehmen Sie auch „Unbekanntes" wie Pimpinelle, Borretsch oder Bärlauch.

Kräutersalat „Vitaminbombe"

Brunnenkresse, Löwenzahnblätter, frische Brennesselblätter, die gleiche Menge jungen Feldsalat sowie Lauch und Zwiebeln. Alles nach Geschmack vermengen, mit etwas Distelöl und Balsamico-Essig anmachen; dazu getoastetes Knoblauchbrot reichen.

Kräutertee (erfrischend)

Pfefferminze, Zitronenmelisse, Eisenkraut, Ringelblumenblüten und etwas Quendel, Apfelsaft, 2 Duftgeranienblätter. Kräuter mit heißem Wasser aufgießen, Duftgeranienblätter dazugeben und abkühlen lassen; dann mit Apfelsaft zu einem Drittel aufgießen.

Kressesalat

Kresse kann man roh essen wie einen Salat, vielleicht mit ein paar Blättern Basilikum veredelt. Wem das zu scharf ist, der kann Kresse als Garnitur zu Butterbroten, gekochten Eiern und dergleichen verwenden – der Phantasie sind keine Grenzen gesetzt. Bauen Sie Kresse selbst an oder kaufen Sie sie in Gemüseläden. Wild wachsende Kresse kann den gefährlichen Leberegel beherbergen.

Kulinarische Accessoires für Genießer

1/8 Liter Milch, 150 Gramm Mehl, 2 Eier, Salz, Pfeffer; Kräuter (Zitronenmelisse, Salbei, Petersilie, junge Brennesselblätter und einige Rosenblätter). Aus den Zutaten einen nicht zu flüssigen Teig anrühren; frische Kräuter waschen und trocknen lassen; dann durch den Teig ziehen und in Fett schwimmend 1 bis 2 Minuten ausbacken. Zu ausgebackenen Kräutern paßt hervorragend Wein.

Lachs im Kräutermantel

Je 1 Eßlöffel gehackte Kräuter von Basilikum, Estragon, Petersilie, Schnittlauch, 800 Gramm Lachsfilet, Schalotten, 4 Eßlöffel Crème fraîche, Alufolie. Die Alufolie in vier Rechtecke schneiden, mit Olivenöl bestreichen und mit der Kräutermischung bestreuen, Lachsfilets darauflegen, salzen und pfeffern, mit Crème fraîche bestreichen; Folie schließen und bei 200 Grad 15 Minuten im Rohr backen.

Lammfilet mit Kräuterkruste

600 Gramm Lammfilet, Kräuter (Petersilie, Thymian, Oregano und Rosmarin), Toastbrot, 1 Zwiebel, Olivenöl. Lammfilet auf allen Seiten kurz anbraten; Kräuter waschen, trockentupfen und mit dem Toastbrot in der Küchenmaschine pürieren; Fleisch mit der Masse bestreichen und bei starker Oberhitze 8 Minuten überbacken.

Magentee

Enzianwurzel, Wermutkraut, Tausendguldenkraut zu gleichen Teilen, etwas Zimtrinde. Kräuter und Zimtrinde mischen, 2 Teelöffel der Mischung übergießen und bis 10 Minuten ziehen lassen; mehrmals täglich 1 Tasse trinken.

Magentonikum

Ein gutes Rezept für Ihren eigenen Engelwurz-Kräuterlikör, der gleichzeitig ein vorzügliches Mittel gegen verdorbenen Magen ist: 80 Gramm Engelwurzsamen, je 10 Gramm Anis- und Fenchelsamen, 5 Gramm Korianderkörner, 1 Liter Wodka, 200 Gramm Zucker. Die Samen im Mörser zerstoßen und 14 Tage lang in Alkohol ziehen lassen, dann abfiltern; den Zucker in 3/4 Liter Wasser 5 Minuten kochen, anschließend mit der Alkohol-Kräuter-Lösung mischen und in Flaschen füllen; dunkel und kühl lagern.

Melissenwein

1 Handvoll Melissenkraut, 1 Liter guten Weißwein. Kräuter 2 Tage lang bei Zimmertemperatur im Weißwein einlegen.

Quitten-Hauttonikum

Die Quitte dient auch der Schönheit: 30 Gramm Quittenkerne, etwas Wasser. Kerne zerstoßen, mit wenig Wasser mischen und auf dem Gesicht verteilen, das bremst Faltenbildung und beruhigt die Haut. Ein anderes, altes Rezept gegen Falten: 100 Gramm Quittenschalen, 1/2 Liter Alkohol (45%ig). Quittenschalen im Alkohol 10 Tage ziehen lassen und abgeseiht als Tonikum zur Gesichtsreinigung verwenden.

Rosenbowle

Etwa 20 unbehandelte Duftrosenblüten, 2 Liter Roséwein, 2 Schnapsgläser Rosensirup, 150 Gramm Zukker, Saft von 3 Orangen, 1 Flasche Sekt. Rosenblüten waschen, mit Rosensirup, Zucker, Wein und Orangensaft 4 bis 6 Stunden zugedeckt im Kühlschrank ziehen lassen; in ein Bowlegefäß abseihen, mit Sekt (und eventuell Mineralwasser) aufgießen, mit frischen Blüten garnieren und servieren.

Rosendampf (für den Teint)
1 bis 2 Handvoll Rosenblätter, Wasser. Rosenblätter in einer großen Schüssel mit kochendem Wasser übergießen, ein paar Sekunden ziehen lassen; anschließend das vorher gut gereinigte Gesicht darüberhalten, Kopf und Schüssel mit einem Handtuch abdecken. Diese Behandlung tut fettiger Haut sehr gut. Wer sehr empfindliche oder zu roten Äderchen neigende Haut hat, soll auf Dampfbehandlungen aber verzichten. Neben Rosen eignen sich auch Kamillenblüten oder Ringelblumenblüten für diese Behandlung.

Rosensalbe
Eine überaus reichhaltige Creme, die noch dazu wunderbar duftet: 100 Gramm Doritin (Salbengrundlage; in der Apotheke erhältlich), 20 Tropfen Nachtkerzenöl, 5 Tropfen Rosenöl (in Mandelölverdünnung) und – wer eine schöne Farbe erzielen will – 2 bis 3 Tropfen rote Lebensmittelfarbe. Doritin und Nachtkerzenöl in einem sehr sauberen Gefäß mischen, Rosenöl und Lebensmittelfarbe dazugeben, gut verrühren; eventuell 2 bis 3 Tropfen Grapefruitkernextrakt dazugeben – das macht die Creme haltbarer; trotzdem im Kühlschrank aufbewahren. Nachtkerzenöl enthält – wie die Samen von Borretsch – viel Gammalinolsäure, eine Vorstufe einer hormonartigen Substanz, die sich sehr günstig auf die Haut auswirkt.

Rosenseife
Ich empfehle eine Seife, die es garantiert in keinem Geschäft zu kaufen gibt. Allerdings erfordert die Herstellung einige Mühe: 100 Gramm einer einfachen ungefärbten Seife, 250 Milliliter Rosenwasser, 2 Tropfen reines Rosenöl. Das Rosenwasser über die in eine Schüssel geriebene Seife gießen; alles über einen Topf mit siedendem Wasser stellen und solang rühren, bis eine dicke Masse entstanden ist; die Schüssel herausnehmen, das Rosenöl untermischen und abkühlen lassen; aus der Masse kleine Kugeln formen und 8 Wochen trocknen lassen.

Rosensirup
1 Handvoll Rosenblüten (von Duftrosen), 1/2 Zitrone, 1/4 Liter Wasser, Zucker. Blütenbätter mit Wasser aufkochen, zugedeckt 1/4 Stunde ziehen lassen, Flüssigkeit abseihen, mit gleich viel Zucker aufkochen und in eine sehr saubere Flasche füllen. Dasselbe Rezept läßt sich mit Veilchen- oder Königskerzenblüten zubereiten.

Rosenwasser
Aus Rosenwasser läßt sich ein herrlicher Gesichtstoner für die eher fettige Haut herstellen: 250 Milliliter

Rosenwasser aus der Apotheke, 150 Milliliter Hamamelis (Zaubernuß), 3 Eßlöffel Glyzerin, 2 Eßlöffel Alkohol (40%ig). Rosenwasser und Hamamelis in eine Flasche schütten, Glyzerin und Alkohol mischen und dazugeben; solang schütteln, bis alles gut vermischt ist; vor jedem Gebrauch gut schütteln. Der Toner dient dazu, das gereinigte Gesicht zu erfrischen; einfach auf einen Bausch Watte tropfen und abtupfen.

Tip: Rosenwasser ist einerseits so schwierig herzustellen und andererseits so günstig, daß man es besser in der Apotheke holt. Rosenwasser ist wirklich das Beste, das man in der täglichen Hautpflege verwenden kann. Es wirkt auch gegen Mitesser und Pickel.

Rosmarinerdäpfel
Erdäpfel, Parmesankäse, Kräutersalz, Rosmarin. Die Erdäpfel gründlich waschen und ungeschält in dünne Scheiben schneiden oder mit dem Gurkenhobler hobeln und schuppenförmig auf ein Backblech legen, mit Öl bepinseln, mit Kräutersalz und mit Rosmarinnadeln bestreuen; 1/4 Stunde bei 200 Grad backen; mit Käse bestreuen und noch einmal 10 Minuten ins Rohr geben.

Rosmarinwein
1 Flasche Weißwein, 1 Handvoll frische Rosmarinnadeln. 2 Wochen ziehen lassen, bei Bedarf ein kleines Glas davon trinken.

Salatteller „Nostalgie"
1/2 Eissalat, Rosenblätter (am besten rot-violette Wildrosen), 1 Handvoll Walderdbeeren oder Himbeeren, 6 Eßlöffel Walnuß- oder Distelöl, 3 Eßlöffel Himbeeressig, Salz, Pfeffer. Eissalat waschen, zerpflücken und mit den Beeren auf einem Teller anrichten; mit Rosenblüten garnieren; Dressing extra zum Salat reichen.

Sauerampfersuppe
200 Gramm frischen Sauerampfer, 1/4 Liter Rahm, 1/2 Liter Suppe, 1 Glas Weißwein, Salz, Pfeffer. Die Kräuter waschen und trockenschütteln, einige Blätter zur Dekoration übrig lassen, den Rest grobhacken, mit der Suppe im Mixer pürieren, langsam aufkochen, Weißwein dazugeben, würzen und 10 Minuten köcheln lassen; danach den Rahm dazugeben. Die Suppe mit den Blättern und dem geschlagenen Obers servieren.

Schlehenlikör
1 Kilo Schlehen, Wasser, 1 Kilo Zucker, 1 1/2 Liter Alkohol, 3 Gewürznelken, Vanillezucker, Zimtrinde. Schlehen mit kochendem Wasser gerade bedecken und einen Tag lang stehenlassen; mit einem Schöpflöffel die Früchte quetschen; mit braunem Zucker und Vanillezucker mischen, Gewürznelken und Zimtrinde zugeben und mit Alkohol auffüllen. 6 Wochen ste-

henlassen, dann abseihen und in Flaschen füllen. Die Früchte kann man als hochprozentige Zugabe für Desserts und Eis verwenden.

Schnittlauchmousse
4 Schalotten oder 1 mittlere Zwiebel, 20 Gramm Butter, 1/8 Liter Weißwein, Salz, Schnittlauch, 3 Blatt Gelatine, 1/2 Liter Rahm. Die Zwiebel fein schneiden und in Butter leicht anbräunen, mit dem Wein ablöschen und leicht einkochen lassen; Gelatine in kaltem Wasser einweichen, dann in der Zwiebelmasse auflösen; geschlagenen Obers und Schnittlauch dazu, würzen und über Nacht im Kühlschrank festwerden lassen. Paßt sehr gut zu Grillfleisch, Salaten und Gemüse.

Senffußbad
1 Handvoll Senfmehl auf 1 Liter Wasser geben. Das hilft bei Erkältungen gegen das Frösteln und macht müde Füße munter.

Senfpflaster
Es gibt sie fertig im Handel zu kaufen. Für jene, die sie selbst machen wollen, führe ich das folgende Rezept an: 1 Teil reines, schwarzes Senfpulver, 4 Teile gemahlenen Leinsamen. Senfpulver und Leinsamen mischen, dann befeuchten, bis ein Brei entsteht, und erwärmen (auf nicht mehr als etwa 40 Grad). Den Brei für Umschläge verwenden, und zwar bei Rheuma, Arthritis und Gicht. Der Leinsamen gibt Schleimstoffe ab und schützt so vor zu starker Reizung der Haut.

Veilchenessig
2 Handvoll Veilchenblüten, je 1/4 Liter Weißwein und Weinessig, 1 Eßlöffel Honig. Den Honig im Weißwein auflösen, anschließend die Blüten und die restlichen Zutaten dazugeben; alles 2 Wochen ziehen lassen, dann abseihen. Veilchenessig ist nicht nur eine originelle Variation für Salate, er hilft verdünnt – 1 Eßlöffel davon in 1/4 Liter Wasser – auch gegen Kopfweh.

Vier-Diebe-Essig
Je 1 Teelöffel Salbei, Rosmarin, Thymian und Lavendel, 1/2 Liter Essig. Kräuter mischen und im Essig ansetzen; nach 4 Wochen abseihen. Der Essig ist nur zum äußerlichen Gebrauch bestimmt, zum Beispiel mit Wasser verdünnt als Abwaschung bei einer fiebrigen Erkrankung. Er eignet sich in besonderer Weise für „Essigpatschen" gegen Fieber bei Kindern: Windeln in Essig-Wasser-Lösung tränken und auswringen, Füße umwickeln, dicke Wollsocken überziehen.

Weißdornaufguß
2 Teelöffel trockenen Weißdorn, 1/4 Liter Wasser. Kraut mit heißem Wasser übergießen, 10 Minuten ziehen lassen.

Weißdornöl
2 Handvoll Weißdornblüten und -blätter, 1/2 Liter Sonnenblumenöl. Blüten und Blätter mit Sonnenblumenöl übergießen und 3 Wochen an einen sonnigen Ort stellen; abfiltern und in einer Flasche im Kühlschrank aufbewahren.
Tip: Bei starkem Herzklopfen ist meist keine Herzkrankheit schuld, sondern Angst und Unruhe. Beruhigende Pflanzen schaffen Abhilfe.

Weiterführende Literatur

Aromatherapie
Arcier Micheline, Die Wohltat der Düfte, 1992
Fischer-Rizzi Susanne, Himmlische Düfte, 1996
Tisserant Robert B., Das ist Aromatherapie, 1993

Bach-Blütentherapie
Bach Edward, Gesammelte Werke, 1988
Bach Edward, Blüten, die heilen, 1993
Scheffer Mechthild, Selbsthilfe durch Bach Blütentherapie, 1993
Scheffer Mechthild, Die Seelenpflanzen des Dr. Bach, 1995
Salajan Sita Cornelissen Ioanna, Bach-Blütentherapie, 1991

Kräuterkunde
Hildegard von Bingen, Causa et Curae, Nachdruck 1981
Braun H./Frohne D., Heilpflanzen Lexikon, 1994
Culperper's Complete Herbal. Consisting of a Comprehensive Description of nearly all herbs with their medicinal Properties and Directions for compound, Nachdruck 1995
Mességué Maurice, Heilkräuter-Lexikon, 1994
Mességué Maurice, Schönheitskräuter-Lexikon, 1991
Das neue BLV Buch der Kräuter, hrsg. v. Richard Mabey, 1989
Ody Penelope, Naturmedizin Heilkräuter, 1996
Ullmann Marcela, Knaurs große Hausapotheke, 1988
Storl Wolf Dieter, Von Heilkräutern und Pflanzengottheiten, 1993

Esoterik
Budapest Zsuzsanna E., Mond-Magie, Kreative Begegnung mit der dunklen Seite der Weiblichkeit, 1993
Frazer James, Der Goldene Zweig, 1989
Ranke-Graves Robert, Die Weiße Göttin, 1992
Rätsch Christian, Naturverehrung und Heilkunde, 1993
Seiler Susanne G., Gaia – das Erwachen der Göttin, 1991
Starhawk, Der Hexenkult als Urreligion der Großen Göttin, 1992
Walker Barbara, Das geheime Wissen der Frauen, 1993